AF903508

# Ratgeber Immobilienkauf

## Planen, finanzieren, entscheiden

## Unser Service für Sie

Wenn neue Gesetze und Verordnungen in Kraft treten oder sich zum Beispiel Förderbedingungen oder Leistungen ändern, finden Sie die wichtigsten Fakten in unserem Aktualisierungsservice zusammengefasst.
Mit dem Klick auf **shop.verbraucherzentrale.de/aktuell** sind Sie dann ergänzend zu dieser Auflage des Buches auf dem neuesten Stand. Diesen Service bieten wir so lange, bis eine Neuauflage des Ratgebers erscheint, in der die Aktualisierungen bereits eingearbeitet sind. Wir empfehlen, Entscheidungen stets auf Grundlage aktueller Auflagen zu treffen.
Die lieferbaren aktuellen Titel finden Sie in unserem Shop:
**shop.verbraucherzentrale.de**

# Ratgeber Immobilienkauf

## Planen, finanzieren, entscheiden

THOMAS HAMMER

Verbraucherzentrale

# Inhalt

67 Bauen oder kaufen, Wohnung oder Haus?

75 Bauen in Eigenregie

23 Ansparwege zum Eigenkapital

# Inhalt

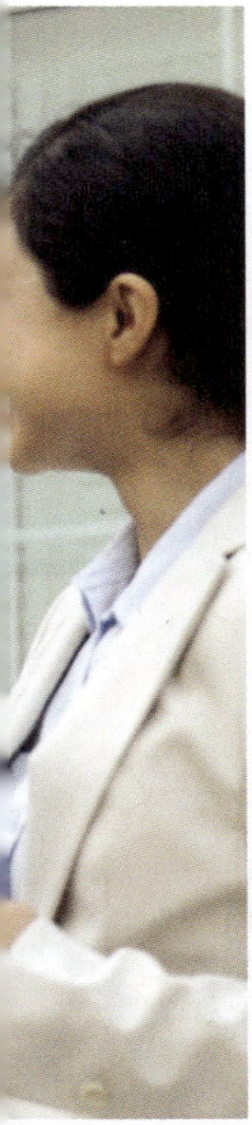

## Über dieses Buch

Der Traum von den eigenen vier Wänden gehört für viele Menschen zu den wichtigen Lebenszielen. Um auf dem Weg vom Mieter zum Wohneigentümer voranzukommen, wird fleißig gespart, und von den Eltern oder Großeltern kommt oft eine finanzielle Unterstützung hinzu.

Doch der Entschluss, Wohneigentum zu erwerben, ist von großer Tragweite: Es gilt, Verantwortung für das Immobilieneigentum zu übernehmen, Energie und Arbeit hineinzustecken – und nicht zuletzt steht am Anfang des Immobilienbesitzes zumeist ein großer Schuldenberg. Wer sich verkalkuliert und allzu blauäugig an diese anspruchsvolle Aufgabe herangeht, riskiert im schlimmsten Fall das Scheitern seiner Finanzierung und damit letztendlich sogar die Zwangsversteigerung.

Dieses Buch soll Ihnen helfen, Ihre Entscheidung für oder auch gegen die eigenen vier Wände nicht aus dem Bauch heraus, sondern auf Basis fundierter Fakten zu treffen. Es zeigt Ihnen die Chancen und Möglichkeiten auf, aber auch Warnungen vor Risiken kommen nicht zu kurz. Damit können Sie sich nach gründlicher Lektüre ein objektives Bild von dem für Sie persönlich gangbaren Weg zum Wohneigentum machen.

Der Aufbau des Buches orientiert sich dabei am chronologischen Fortschritt Ihrer Entscheidungen: Am Beginn stehen die Alternativen des Ansparens auf den zukünftigen Immobilienerwerb, dann folgen die Strategien für ein sicheres Finanzierungskonzept. Anhand Ihrer finanziellen Möglichkeiten stehen Sie dann vor der Entscheidung, ob Sie selbst bauen oder schlüsselfertig kaufen, eine neue oder eine gebrauchte Immobilie erwerben, sich eine Wohnung oder ein Haus leisten können. Bei älteren Häusern stellt sich überdies die Frage, mit welchem Aufwand Sie für Renovierung und energetische Sanierung rechnen sollten, um Ihr Eigenheim zukunftssicher zu machen.

Nachdem Sie diese Entscheidungen getroffen haben, führt Sie dieses Buch weiter durch die wichtigsten Kriterien bei der Auswahl der Immobilie und zur richtigen Vorbereitung des Notarvertrags. Spezielle Kapitel zu Zwangsversteigerung, Umgang mit Maklern und Versicherungen runden den Ratgeber ab.

Ein wichtiger Rat jedoch vorab: Wenn Sie Zweifel daran haben, ob Sie Ihr Vorhaben finanziell oder organisatorisch bewältigen können, setzen Sie lieber auf Sicherheit und wählen Sie eine Lösung, die einfacher zu realisieren ist. Es macht keinen Sinn, vielleicht aus Prestigegründen ein hohes finanzielles und persönliches Risiko einzugehen und damit die eigene finanzielle Zukunft aufs Spiel zu setzen – schließlich soll Ihnen Ihr Eigenheim keine schlaflosen Nächte, sondern Sicherheit und Geborgenheit bieten.

Aus unserer Beratungspraxis

# Die wichtigsten Fragen und Antworten

→ Jährlich beantworten wir in unseren bundesweit rund 200 Beratungsstellen Hunderttausende von Fragen und helfen bei der Lösung von Problemen, die Verbraucherinnen und Verbraucher an uns herantragen. Aus dieser täglichen Praxis wissen wir am besten, wo der Schuh drückt und wie konkrete Unterstützung aussehen muss.

Diese Erfahrungen sind Grundlage unserer Ratgeber: mit präzisen, verbraucherorientierten Informationen, zahlreichen Tipps und Hintergrundinformationen zum besseren Verständnis.

Sollte für eine individuelle Frage weiterer Besprechungsbedarf bestehen, hilft unsere Beratung weiter. Eine Übersicht über unser umfassendes Angebot finden Sie unter:

www.verbraucherzentrale.de

## Kommt ein Eigenheim für mich infrage?

Ob der Erwerb eines Eigenheims für Sie sinnvoll ist, hängt nicht nur davon ab, ob Sie sich die monatlichen Raten für die Finanzierung dauerhaft leisten können. Auch die persönlichen Lebensumstände spielen bei der Entscheidungsfindung eine Rolle. So kann es beispielsweise sinnvoller sein, zunächst einmal weiter zur Miete zu wohnen, wenn Sie in den nächsten Jahren häufige berufsbedingte Ortswechsel erwarten – in diesem Fall wäre es aufwendig und finanziell riskant, jedes Mal die bestehende Immobilie zu verkaufen und ein neues Objekt zu erwerben. → Seite 17

## Wie viel Eigenkapital benötige ich beim Immobilienkauf?

Zumindest die Kaufnebenkosten in Form von Grunderwerbsteuer, Notargebühren und eventuell noch Maklerprovision sollten Sie unbedingt aus eigenen Mitteln bestreiten können. Das sind je nach Bundesland etwa 5 bis 8 Prozent des Kaufpreises, bei Einschaltung eines Maklers kommen noch weitere 3 bis 4 Prozent hinzu. Darüber hinaus ist es sinnvoll, mindestens weitere 10 bis 20 Prozent des Kaufpreises als Eigenkapital einbringen zu können. Je höher der Eigenkapitalanteil, umso günstiger werden die Zinskonditionen, die die Bank bei der Finanzierung gewährt. Und: Je niedriger der Darlehensbetrag, umso schneller können Sie Ihr Darlehen tilgen und schuldenfrei werden. → Seite 41

## Wann sollte ich ein Finanzierungskonzept erstellen?

Bevor Sie mit der Suche nach konkreten Immobilienangeboten beginnen, sollte klar sein, bis zu welchem Kaufpreis Sie sich eine Finanzierung leisten können. Zunächst gilt es, das verfügbare Eigenkapital zu ermitteln, wobei Sie eine gewisse Geldreserve für ungeplante Ausgaben unangetastet lassen sollten. Im Anschluss daran analysieren Sie Ihre Einnahmen und Ausgaben, um herauszufinden, welche monatliche Belastung Sie dauerhaft verkraften können. Auf Basis der maximal möglichen Monatsrate können Sie dann hochrechnen, welche Kreditsumme damit finanzierbar ist. Die Summe aus dem Kreditlimit plus Eigenkapital ergibt das Limit beim Immobilienkauf – wobei dieses nicht dem Kaufpreis entspricht, sondern dem Kaufpreis zuzüglich aller Nebenkosten. → Seite 43

## Soll ich lieber ein Haus oder eine Wohnung kaufen?

Je nach verfügbarem Budget kann es sich herausstellen, dass der Kauf eines Hauses nicht möglich ist, eine Eigentumswohnung jedoch finanzierbar wäre. Aber auch hier sind nicht nur finanzielle Aspekte zu berücksichtigen. So besteht etwa in zentrumsnahen Lagen von Städten das Immobilienangebot überwiegend aus Wohnungen, während Häuser eher in ländlicheren Gegenden erschwinglich sind. Persönliche Vorlieben spielen bei der Entscheidung zwischen Haus oder Wohnung ebenfalls eine Rolle: Wer mit seiner Immobilie möglichst wenig Aufwand haben will und keinen Wert auf einen eigenen Garten legt, ist mit einer Eigentumswohnung besser bedient, während gestaltungsfreudige Individualisten eher mit einem Haus glücklich werden. → Seite 67

## Worauf sollte ich beim Bau eines neuen Hauses achten?

Wenn Sie den Bau eines neuen Hauses planen, haben Sie die Wahl zwischen einem individuellen Architektenhaus, einem Fertighaus und dem Erwerb eines fertig geplanten Hauses von einem Bauträger. Je nach bevorzugter Variante sind dabei unterschiedliche finanzielle und vertragliche Risiken in die Überlegungen mit einzubeziehen. So gilt es unter anderem, das veranschlagte Baubudget einzuhalten, die pünktliche Fertigstellung des Eigenheims zu sichern und sowohl während der Bauphase als auch bei der Endabnahme eventuelle Mängel zu erkennen und richtig zu reklamieren. → Seite 86, 111

## Welche Fallen können bei Altbauten lauern?

Der Kauf einer gebrauchten Immobilie ist zwar meist deutlich günstiger als ein Neubau, bringt jedoch auch besondere Risiken mit sich. Vor allem bei älteren Immobilien mit Sanierungsstau sollten Sie bei der Besichtigung einen Fachmann hinzuziehen, um den Modernisierungsaufwand und die damit verbundenen Kosten verlässlich einschätzen zu können. Dabei sollten Sie auch energetische Modernisierungsmaßnahmen im Blick behalten, damit nach dem Einzug die Heizkosten nicht aus dem Ruder laufen. Besondere Vorsicht ist bei denkmalgeschützten Gebäuden geboten, weil hier alle Sanierungsmaßnahmen, die das äußere Erscheinungsbild beeinflussen, von der zuständigen Behörde genehmigt werden müssen. → Seite 119

## Worauf sollte ich beim Kauf einer Eigentumswohnung achten?

Wer eine Eigentumswohnung kauft, wird sowohl alleiniger Eigentümer des Sondereigentums als auch Miteigentümer des Gemeinschaftseigentums. Die Konstellation wird dabei in der Teilungserklärung festgelegt, die Sie vor Ihrer Kaufentscheidung unbedingt gründlich studieren sollten. Auch die Hausordnung sowie die in den Eigentümerversammlungen gefassten Beschlüsse haben Auswirkung auf das Miteinander in der Eigentümergemeinschaft. Daher sollten Sie im Vergleich zum Hauskauf zusätzliche Informationen einholen. Dazu zählen neben der Teilungserklärung die Gemeinschafts- und die Hausordnung, die Protokolle der letzten Eigentümerversammlungen sowie die aktuellen Nebenkostenabrechnungen. → Seite 141

## Wo kann ich meine Traumimmobilie finden?

Bei der Suche nach einem Haus oder einer Eigentumswohnung ist es sinnvoll, möglichst viele Informationsquellen zu nutzen. Wichtig sind natürlich die großen Online-Immobilienportale, wo private Verkäuferinnen und Makler ihre Objekte anbieten. Doch es lohnt sich auch die Vernetzung im Bekanntenkreis oder die Direktanfrage bei Bauträgern – auf diesen Wegen können Sie zuweilen Immobilienangebote ausfindig machen, bevor sie offiziell auf den Markt kommen. Für die Recherchephase sollten Sie ausreichend Zeit einplanen, um durch das Sichten unterschiedlicher Angebote ein Gespür für die aktuellen Marktpreise zu bekommen. Haben Sie eine für Sie attraktive Immobilie gefunden, sollten Sie ausloten, ob und in welchem Umfang Preiszugeständnisse möglich sind. → Seite 159

## Wie läuft der Notartermin ab?

Mit der Unterzeichnung des Kaufvertrags durch die beiden Vertragsparteien und der Beurkundung durch den Notar wird der Kaufvertrag rechtskräftig und kann im Nachhinein nicht mehr widerrufen werden. Um einen reibungslosen Ablauf zu gewährleisten und böse Überraschungen zu vermeiden, sollten Sie sich mit dem Verkäufer nicht nur über den Kaufpreis einigen, sondern auch über weitere wichtige vertragliche Details wie Zahlungstermin, Zeitpunkt der Übergabe oder den Umfang der noch vom Verkäufer durchzuführenden Reparaturen. Darüber hinaus sollten Sie vor dem Notartermin eine verbindliche Finanzierungszusage Ihrer Bank einholen. → Seite 177

## Welche Versicherungen benötige ich?

Als Bauherr oder Immobilieneigentümerin benötigen Sie die passenden Versicherungen, um Ihr Eigentum gegen Schäden und sich selbst gegen mögliche Haftungsansprüche als Eigentümer oder Eigentümerin abzusichern. Zu den wichtigen Policen für Bauherren zählen in erster Linie eine Bauherren-Haftpflichtversicherung, eine Rohbauversicherung und eine Unfallversicherung für private Bauhelferinnen und -helfer. Nach der Fertigstellung ist eine Wohngebäudeversicherung unabdingbar, die Schäden durch Feuer, Unwetter und Austritt von Leitungswasser abdeckt. Empfehlenswert ist überdies eine Elementarschaden-Versicherung, die bei Hochwasserschäden einspringt. Eigentümer und Eigentümerinnen von Wohnungen haben es bequemer: Sie müssen sich nicht selbst um die Auswahl der Versicherung kümmern, weil dafür die Hausverwaltung zuständig ist. → Seite 191

# Miete oder eigene vier Wände?

**Am Anfang aller Überlegungen steht die Grundsatzentscheidung: Ist es für Sie sinnvoll, ein Eigenheim zu erwerben, oder ist auf absehbare Zeit das Wohnen zur Miete die bessere Alternative? Die Antwort darauf lässt sich nicht pauschal geben, sondern hängt von individuellen Einflussfaktoren ab.**

Sie fragen sich vielleicht, was dieses Kapitel in einem Ratgeber zum Immobilienkauf zu suchen hat. Aber ein seriöser Ratgeber muss auch von einem Vorhaben abraten, wenn es keinen Sinn ergibt. In bestimmten Lebenssituationen kann der Weg in die eigenen vier Wände eine Sackgasse sein. Daher sollten Sie sich im allerersten Schritt Klarheit über Ihre derzeitige Situation und Ihre Lebensplanung verschaffen. Sinnvoll ist es dabei, wenn Sie Schritt für Schritt alle wichtigen Faktoren durchgehen, die Ihre Entscheidung über den Immobilienerwerb beeinflussen.

## Einkommen

Auf den ersten Blick sieht die Rechnung einfach aus: Je höher Ihr Einkommen, umso größer und schöner das Eigenheim, das Sie sich leisten können. Doch dieser Faktor ist zwar ein wichtiger, aber nicht der einzige Bestandteil einer fundierten Entscheidung. Ihr Einkommen entscheidet mit darüber, wie viel Schulden Sie sich leisten können.

Wenn Ihr Einkommen so niedrig ist, dass Sie auf absehbare Zeit mit der Finanzierung einer eigenen Immobilie überfordert wären, sollten Sie diese Tatsache unbedingt ernst nehmen und weiterhin zur Miete wohnen. Zu viele Menschen haben schon ihre finanziellen Möglichkeiten und ihre Einkommensreserven überschätzt und mussten miterleben, wie ihr Eigentum in der Zwangsversteigerung unter den Hammer kam.

## Lebenshaltungskosten

Wichtig für Ihre Entscheidung, ob Miete oder eigene vier Wände, ist nicht nur, wie viel Sie einnehmen, sondern auch wie viel Sie ausgeben. Je höher Ihre Lebenshaltungskosten sind, desto weniger Spielraum bleibt fürs Sparen und Finanzieren. Je nach persönlichem Anspruch kann es hier sehr große Unterschiede geben. Die einen gehen gern aus, legen Wert auf schicke Kleidung, fahren ein hochpreisiges Auto oder wollen auf keinen Fall auf zwei Fernreisen pro Jahr verzichten. Die anderen bleiben lieber zu Hause, achten auf möglichst günstige Anschaffungen und haben kein Problem damit, in finanziellen Engpässen den Gürtel enger zu schnallen.

Nun wäre es einfach, zu empfehlen, Sie sollten im Zuge Ihrer Baufinanzierung alle anderen Ansprüche zurückstellen und sich nur mit dem Notwendigsten begnügen. Die Realität hat immer wieder gezeigt, dass so mancher zu Beginn zwar entgegen seinen Neigungen diesen Rat beherzigt hat, aber nach ein paar Jahren schlichtweg keine Lust mehr auf Verzicht hatte. Sie kommen in dieser wichtigen Frage nicht umhin, ganz ehrlich zu sich selbst zu sein. Werden Sie sich darüber klar, in welchem Maß Sie auf Sicht der nächsten zehn Jahre Ihren Lebensstandard einschränken können und wollen. Nur wenn Sie ganz sicher sind, dass Sie auf bestimmte Konsumausgaben dauerhaft verzichten können, sollten Sie Ihren Finanzierungsrahmen entsprechend erweitern.

## Berufliche Mobilität

Seit einiger Zeit ist die Arbeitswelt von zwei Trends geprägt: Zum einen wird immer mehr Flexibilität und Mobilität gefordert und zum anderen bieten viele Unternehmen die Arbeit im Homeoffice an. Daraus ergeben sich zwei Aspekte bei der Planung für den Erwerb eines Eigenheims:

→ In vielen Jobs müssen die Angestellten bereit sein, bei Bedarf innerhalb des Konzerns die Stelle zu wechseln und in eine andere Region, ja vielleicht sogar ins Ausland zu ziehen. Vor allem junge Angestellte mit hoher Qualifikation werden im Interesse ihrer Karriere oft über Jahre hinweg zu regelrechten „Nomaden“. Wer heute nicht weiß, wohin er im nächsten Jahr versetzt wird, ist verständlicherweise nicht unbedingt für das selbst genutzte Wohneigentum prädestiniert – denn es macht wenig Sinn, alle zwei oder drei Jahre die alte

Wohnung zu verkaufen und eine neue zu erwerben.

→ Auf der anderen Seite kann für Arbeitnehmende in Berufen mit hohem Homeoffice-Anteil – etwa in der IT-Branche – die Entfernung zum Arbeitsplatz an Bedeutung verlieren, wenn die Präsenz im Unternehmen nur noch an bestimmten Tagen oder zu wichtigen Meetings erforderlich ist. In solchen Fällen ist der Wechsel zu einem weiter entfernten Arbeitgeber nicht zwangsläufig mit einem Umzug verbunden.

Meist wächst nach einiger Zeit des Umherziehens der Wunsch, auch in Bezug auf das Arbeitsverhältnis sesshaft zu werden. Dann sollte jedoch auch genügend Eigenkapital vorhanden sein, um Wohneigentum erwerben zu können. Das bedeutet für Sie: Nutzen Sie eine solche – meist auch überdurchschnittlich gut bezahlte – Phase der extremen beruflichen Mobilität, um den Vermögensaufbau gezielt voranzutreiben. Dazu finden Sie mehr Informationen ab → Seite 23.

Auch wenn Sie längerfristig mobil bleiben wollen und die eigenen vier Wände eher als Einschränkung betrachten, sollten Sie das Immobilienthema nicht ganz aus den Augen verlieren. Je nach steuerlicher und finanzieller Situation kann der Erwerb einer vermieteten Wohnung als Kapitalanlage und Baustein für die Altersvorsorge interessant sein.

## Altersvorsorge

Auch die Planung der persönlichen Altersvorsorge ist eng mit der Frage verknüpft, ob Sie langfristig eher ein Dasein als Mieter oder Mieterin planen oder die eigenen vier Wände bevorzugen.

Die Leistungen der gesetzlichen Rentenversicherung werden immer weiter reduziert werden, weil die Lebenserwartung langfristig steigt. Mehr private Vorsorge ist daher unabdingbar – doch dieser Anforderung können Sie gelassen gegenübertreten, wenn Sie Wohneigentum besitzen.

Zwar sind vor allem die ersten Jahre nach einem Immobilienkauf mit hohen finanziellen Belastungen und Einschränkungen verbunden, doch wenn die Immobilie schuldenfrei ist, können Sie als Eigentümer oder Eigentümerin Ihre Unabhängigkeit genießen, und Mietpreissteigerungen haben auf Ihre Kosten keinen Einfluss mehr.

Vor allem in Zeiten der Inflation macht sich dieser Pluspunkt in barer Münze bemerkbar. Wenn Sie Wohneigentümerin oder -eigentümer sind, wirkt sich die Inflation lediglich auf die Lebenshaltungskosten sowie auf die im Vergleich zur Miete weitaus niedrigeren Wohnnebenkosten wie Instandhaltungsrücklagen, Heizungs-, Wasser- und Stromkosten aus.

CHECKLISTE

### Sind Sie eher ein Mieter oder eine Eigentümerin?

- ☐ Sind Sie bereit, für die Finanzierung der eigenen Immobilie Abstriche bei Konsum und Anschaffungen zu machen?
- ☐ Planen Sie, mindestens die nächsten zehn Jahre im gleichen Haus oder in der gleichen Wohnung zu leben?
- ☐ Legen Sie Wert darauf, auch in baulicher Hinsicht die eigenen vier Wände nach Ihrem Geschmack gestalten zu können?
- ☐ Können Sie problemlos die volle Verantwortung und Zuständigkeit für Ihre Wohnung – beispielsweise bei Reparaturen oder Renovierungen – übernehmen?
- ☐ Können Sie einen Zuwachs an „Papierkrieg“ – etwa für die Beantragung von Fördermitteln, den Abschluss der Finanzierung oder jährliche Eigentümerversammlungen – gut verkraften?
- ☐ Fühlen Sie sich der Anforderung gewachsen, als Immobilieneigentümer in finanzieller Hinsicht mit viel Umsicht und Sorgfalt planen zu müssen, anstatt „von der Hand in den Mund“ zu leben?

Daher sollten Sie, ob Sie Mieter oder Wohneigentümerin sind, Ihre private Altersvorsorge unterschiedlich aufbauen:

- Als Mieter oder Mieterin sollten Sie entweder in jährlich ansteigenden Beträgen sparen oder Ihre Zusatzvorsorge von vornherein so ausrichten, dass im Rentenalter der bis dahin erfolgte Anstieg bei Mieten und Lebenshaltungskosten ausgeglichen werden kann.
- Als Eigentümer oder Eigentümerin achten Sie in erster Linie darauf, so schnell wie möglich schuldenfrei zu werden. Die Inflation hat nicht nur aufgrund der wegfallenden Miete geringere Auswirkungen, sondern spielt Ihnen beim Schuldenabbau sogar in die Hände: Je höher die Inflationsrate, umso geringer sind Ihre Restschulden im Vergleich zur allgemeinen Kaufkraft.

## Die richtige Entscheidung treffen

Nicht nur in finanzieller Hinsicht ist die Entscheidung für eine eigene Immobilie von großer Bedeutung. Außer Ihrer finanziellen Situation wird sich auch der Umfang Ihres persönlichen Einsatzes fürs eigene Heim ändern – vor allem im Bereich der Renovierung und Instandhaltung gibt es dann schließlich keinen Vermieter mehr, der für alles zuständig ist. Auf der anderen Seite eröffnet sich Ihnen ein erweiterter Gestaltungsspielraum, und Sie brauchen nicht mehr wegen jeder Veränderung die Erlaubnis des Vermieters einzuholen.

Die Kernfrage ist: Welche Freiheiten sind Ihnen mehr wert und welche Bedürfnisse hat Ihre Familie jetzt? Die Checkliste links soll Ihnen dabei helfen, die richtige Antwort zu finden.

Wenn Sie diese Fragen mit „Ja" beantworten können, haben Sie das Zeug zum Wohnungs- oder Hauseigentümer. Ganz bewusst wurden hier zunächst die Fragen nach Eigenkapital, Einkommen und Liquidität ausgelassen – denn diese Themen werden im weiteren Verlauf des Buches ausführlich erläutert.

# Ansparwege zum Eigenkapital

**Ohne Eigenkapital bleibt der Traum von den eigenen vier Wänden eine Illusion – zumindest die Kaufnebenkosten in Form von Grunderwerbsteuer, Notar- und Maklergebühren sollten Sie aus eigenen Mitteln begleichen können. Wichtig ist es daher, möglichst früh mit dem Aufbau eines finanziellen Polsters zu beginnen.**

Beim Bauen oder für den Kauf einer Immobilie brauchen Sie viel Geld. Klar: Den Löwenanteil des notwendigen Kapitals finanziert die Bank über ein Darlehen – aber wenigstens ein Minimum an Eigenkapital darf nicht fehlen. Wenn Sie noch nicht unmittelbar vor dem Immobilienerwerb stehen, sollten Sie daher gezielt daran arbeiten, Ihr Vermögen so weit wachsen zu lassen, dass Sie in möglichst großem Maß von den Banken unabhängig werden.

Je größer der Anteil an Eigenmitteln, umso niedriger wird logischerweise die Kreditsumme – und umso tragbarer ist für Sie die finanzielle Belastung an Zinsen und Tilgung. Mehr noch: Weil für die Bank eine Baufinanzierung mit hohem Eigenkapitalanteil mehr Sicherheit bedeutet, haben Sie in diesem Fall in der Verhandlung über die Konditionen bessere Karten und können nicht selten günstigere Zinsen heraushandeln.

## Früh begonnen, viel gespart

Viele Sparerinnen und Sparer machen sich bei ihren strategischen Überlegungen vor allem Gedanken über die Suche nach möglichst renditestarken Anlageformen. Das ist zwar richtig – aber noch wichtiger als der Faktor „Rendite“ ist der Faktor „Zeit“.

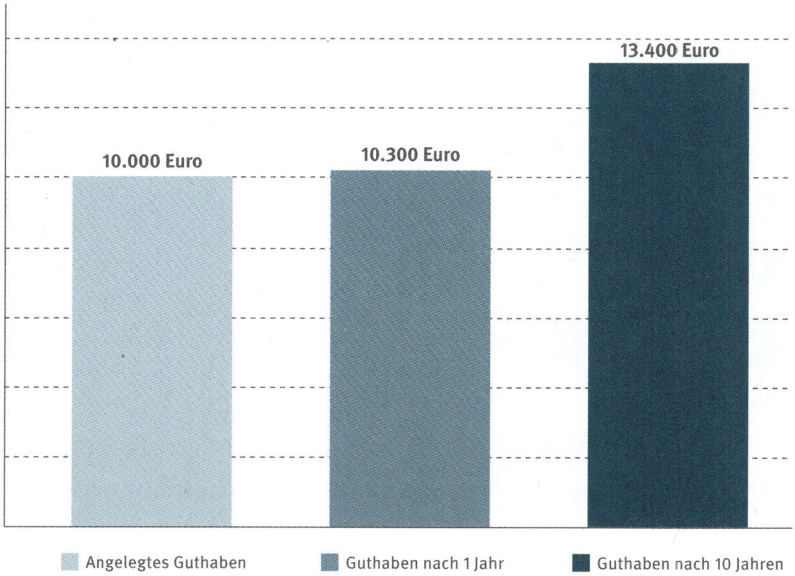


Beispiel für einen Sparplan mit einer Verzinsung von 3 Prozent und einer Laufzeit von 10 Jahren

Vor allem bei Sparplänen mit regelmäßigen monatlichen Sparraten ist die Dauer des Sparens für die Höhe des Endguthabens von entscheidender Bedeutung. Je länger der Sparplan läuft und je höher die regelmäßigen Einzahlungen sind, umso rasanter wächst Ihr Guthabensaldo. Schon bei wenigen Jahren zusätzlicher Laufzeit können dabei stattliche Summen zusammenkommen. So bringen beispielsweise bei einem Zins von 3 Prozent bereits angesparte 10.000 Euro einen jährlichen Zinsertrag von 300 Euro. Doch wenn dieser vordergründig geringe Zinsertrag für die folgenden zehn Jahre zum gleichen Durchschnittszins mit angelegt werden kann, wächst am Ende der zusätzliche jährliche Gewinn auf fast 400 Euro und das Endkapital beträgt rund 13.400 Euro (siehe Grafik). Damit wirkt beim regelmäßigen Sparen und bei der langfristigen Einmalanlage der Zinseszins Jahr für Jahr wie eine zusätzliche Einzahlung.

Dass sich die Spardisziplin am Ende in hohen Erträgen auszahlt, ist nicht der einzige Vorteil, wenn Sie frühzeitig mit dem Ansparen auf die eigenen vier Wände beginnen. Weil bei einer Baufinanzierung die monatliche Belastung in aller Regel deutlich höher ist als Ihre bisherige Miete, können Sie sich auf diesem Weg auch gleich daran gewöhnen, dass nicht mehr so viel Geld wie bisher frei verfügbar ist.

Nun sollten Sie sich darüber informieren, welche Anlageformen als Ansparweg zur Verfügung stehen. Beachten Sie dabei: Nicht jedes Finanzprodukt, das für andere Anlagezwecke, wie die frei verfügbare Rücklage oder den langfristigen Vermögensaufbau, sinnvoll ist, eignet sich auch für das Ansparen auf den Immobilienkauf.

**Was bringt ein Sparplan nach zehn Jahren?**

| MONATLICHE SPARRATE | 3,0 PROZENT ZINS | 4,0 PROZENT ZINS | 5,0 PROZENT ZINS |
|---|---|---|---|
| 200 Euro | 27.960 Euro | 29.439 Euro | 31.005 Euro |
| 300 Euro | 41.941 Euro | 44.158 Euro | 46.507 Euro |
| 400 Euro | 55.920 Euro | 58.878 Euro | 62.009 Euro |
| 500 Euro | 69.901 Euro | 73.597 Euro | 77.511 Euro |

Klar ist: Es gibt keine Anlageform, die bei überragender Rendite risikolos und gleichzeitig frei verfügbar ist. Jede Entscheidung, die Sie bei der Geldanlage treffen, ist ein Kompromiss zwischen den drei Kriterien Rendite, Risiko und Verfügbarkeit. Damit Sie Ihren Schwerpunkt richtig setzen, sollten Sie sich zunächst darüber im Klaren sein, welche Anforderungen ein Anlageprodukt beim Ansparen auf das Wohneigentum erfüllen muss:

- → Die Anlageform sollte zu einem planbaren Zeitpunkt in voller Höhe verfügbar sein.
- → Das Verlust- oder Wertschwankungsrisiko sollte möglichst gering sein, da Sie eine Auszahlung in verlässlicher Höhe anstreben.
- → Ein Sparplan mit festen monatlichen Raten muss möglich sein, wünschenswert ist die flexible Möglichkeit zusätzlicher Einzahlungen.
- → Nicht zuletzt sollte natürlich nach Abzug aller Nebenkosten die bestmögliche Rendite erzielt werden, die unter diesen Voraussetzungen realistisch ist.

## Banksparen

Wenn es ums Sparen geht, sind in aller Regel die Banken die erste Anlaufstelle. Sie bieten eine breite Palette an Sparprodukten an, die eines gemeinsam haben: Sie sind sehr sicher, bringen jedoch nur eine bescheidene Rendite. Unterschiede gibt es vor allem bei der Flexibilität. Hier eine Übersicht:

- → Das **Sparbuch** oder **Sparkonto** ist zwar flexibel, weil kleinere Beträge sofort und große Beträge mit einer Kündigungsfrist von drei Monaten verfügbar sind. Allerdings treibt die Verzinsung selbst genügsamen Sparerinnen und Sparern oft Tränen in die Augen. Bei den meisten Banken sind die Sparzinsen so gering, dass nicht einmal die Inflation damit abgedeckt wird. Wenn Sie Ihrer Hausbank kein Geld schenken wollen, sollten Sie auf diese Anlageform verzichten.

→ **Tagesgeldkonten** bieten hohe Flexibilität und meist deutlich bessere Zinsen als Sparbücher. Daher sind sie für die Rücklage oder „eiserne Reserve" gut geeignet, kommen jedoch auch für den kurz- bis mittelfristigen Vermögensaufbau infrage. Einzahlungen können sowohl per Dauerauftrag als auch jederzeit mit Überweisungen geleistet werden, der Abruf des Guthabens ist ohne Kündigungsfrist in voller Höhe möglich.

→ **Festgeldkonten** sind meist mit deutlich besseren Zinsen ausgestattet als Tagesgelder. Allerdings sind nur Einmalanlagen möglich, und vor der Fälligkeit kommen Sparer und Sparerinnen nicht an das Geld heran. Bei den angebotenen Laufzeiten reicht die Bandbreite von drei Monaten bis zu zehn Jahren. Außerdem müssen Anleger und Anlegerinnen die anbieterabhängige Mindestanlagesumme beachten.

→ **Sparbriefe** funktionieren ähnlich wie Festgeldkonten, wobei die Laufzeit meist bei einem Jahr beginnt.

→ **Ratensparpläne** von Banken zählten in früheren Zeiten zum Standardprogramm, inzwischen werden sie nur noch von einzelnen Geldinstituten angeboten. Ob sie sich im Vergleich zu den anderen Anlageprodukten lohnen, hängt in erster Linie von den Konditionen ab. Wenn die Verzinsung nur auf Tagesgeldniveau liegt, ist ein Tagesgeldsparplan in Verbindung mit regelmäßiger Umschichtung aufs Festgeld lukrativer. Abstriche müssen Sie meist bei der Flexibilität machen, weil bei vielen Sparplänen während der Laufzeit keine Extraeinzahlungen oder Ratenerhöhungen möglich sind.

### → TIPP

Ihren Zinsertrag können Sie optimieren, indem Sie in regelmäßigen Abständen das auf dem Tagesgeld aufgelaufene Guthaben in ein Festgeld oder einen Sparbrief umschichten. Schon kurz laufende Produkte mit sechs oder zwölf Monaten Laufzeit bringen oft deutlich höhere Zinsen als ein Tagesgeld, ohne dass die finanzielle Flexibilität allzu sehr eingeschränkt wird. Wenn sich die Planungen für den Immobilienkauf allmählich konkretisieren, können Sie die fällig werdenden Festanlagen wieder zurück auf das Tagesgeld transferieren, um bei einer Kaufgelegenheit das Eigenkapital sofort verfügbar zu haben.

Bei der Suche nach dem günstigsten Anbieter sind die Banken in Ihrer Nähe zwar eine gut erreichbare Anlaufstelle, aber nicht immer die beste Adresse. Vor allem im Kreis der Direktbanken oder bei Banken aus dem Ausland gibt es oft Angebote mit deutlich besserer Rendite. Dabei sollten Sie jedoch darauf achten, dass Ihr Guthaben im Fall einer Bankenpleite ausreichend geschützt ist.

Banken mit Hauptsitz in einem EU-Land sind dem Einlagensicherungssystem des jeweiligen Landes angeschlossen, das pro Anleger 100.000 Euro an Guthaben absichert. Für Partnerkonten mit zwei Kontoinhabern gilt der doppelte Betrag. Weil im Ernstfall der betreffende Staat für die Sicherheit der Kundengelder garantieren muss, sollten Sie bei der Wahl eines ausländischen Kreditinstituts Banken mit Sitz in einem finanzstarken EU-Land bevorzugen. Hohe Finanzstärke haben neben Deutschland unter anderem die Niederlande, Österreich, Dänemark und Schweden.

Auch in Deutschland gilt als Mindestschutz die Absicherung von 100.000 Euro pro Bankkunde oder Bankkundin. Darüber hinaus sind die meisten Banken Mitglied in einem verbandseigenen Sicherungssystem. So sind die Einlagen bei Banken, die dem Bundesverband deutscher Banken angehören, in siebenstelliger Höhe pro Anleger oder Anlegerin abgesichert. Sparkassen und Genossenschaftsbanken haben ebenfalls eigene Sicherungssysteme, die darauf ausgelegt sind, dass Mitgliedsinstitute bei Zahlungsschwierigkeiten aufgefangen werden und keine Insolvenz anmelden müssen.

## Investmentsparen

Investmentfonds bieten eine einfache und bequeme Möglichkeit, auch kleinere Beträge oder regelmäßige Sparraten an den nationalen oder internationalen Kapitalmärkten zu investieren. Beim Ansparen auf das Wohneigentum können Sie diese Finanzprodukte nutzen, um bei der Eigenkapitalbildung von den Chancen der Kapitalmärkte zu profitieren – wobei Sie aber auf jeden Fall auch die dazugehörigen Risiken nicht aus den Augen verlieren sollten. Je nach Fondsgattung fallen diese sehr unterschiedlich aus. Deshalb erfahren Sie hier im ersten Schritt, welche Inhalte ein Investmentfonds haben kann.

### Aktienfonds

Mit diesen Fonds nehmen Sie am Auf und Ab der Aktienbörsen teil. Ihr wichtigster Vorteil gegenüber dem direkten Engagement in Einzelaktien liegt darin, dass Sie schon mit kleinen Beträgen Ihr Vermögen über eine Vielzahl unterschiedlicher Branchen und Regionen streuen und damit Ihr Schwankungsrisiko zumindest dämpfen können. In exotische Aktienfonds sollten Sie nicht in-

vestieren, setzen Sie lieber auf weltweite oder europäische Standardwerte.

Allerdings sollten Sie sich darüber im Klaren sein, dass auch bei breiter Streuung die im Fonds enthaltenen Aktien in ihrem Kurs stark schwanken können. Daher macht die Anlage in Aktienfonds nur Sinn, wenn Sie Ihr Geld mindestens zehn Jahre nicht anzutasten brauchen.

## Rentenfonds

Wesentlich moderater in ihrem Schwankungsverhalten sind Rentenfonds, bei denen das Fondsvermögen in börsennotierte Schuldverschreibungen fließt. Die Bandbreite reicht dabei von sicheren europäischen Staatsanleihen oder Pfandbriefen bis zu riskanteren Unternehmensanleihen oder Staatsanleihen von Schwellenländern. Welche Anlagestrategie ein Rentenfonds verfolgt, muss im Verkaufsprospekt offengelegt werden. Rentenfonds bieten geringere Renditen als Aktienfonds, sind jedoch aufgrund der geringeren Verlustrisiken auch für den mittelfristigen Vermögensaufbau geeignet.

## Offene Immobilienfonds

Wie es der Name schon vermuten lässt, fließt bei diesen Fonds der Großteil der Kundengelder in Immobilien. Den Schwerpunkt bilden dabei Gewerbeimmobilien wie Bürohochhäuser oder Einkaufszentren, weil hier die erzielbare Mietrendite meist höher ist als bei Wohnungen. Die meisten Fonds investieren schwerpunktmäßig in Deutschland, wobei der Anteil an Immobilien im europäischen Ausland in den letzten Jahren stetig gestiegen ist. Einzelne Fonds sind mit ihren

Investments weltweit unterwegs und haben auch Immobilien in Amerika oder Australien im Portfolio. Ein Teil des Fondsvermögens ist jedoch auch in festverzinslichen Wertpapieren investiert.

Die Schwankungen sind sehr gering, die Rendite ist allerdings ebenso begrenzt. Weil bei den meisten Fonds ein Ausgabeaufschlag von 5 Prozent verlangt wird, sollten die Anteile mindestens fünf Jahre lang gehalten werden – damit ist diese Fondsgattung für das längerfristige Sparen eigentlich zu wenig rentabel und für das kurzfristige Sparen mit zu hohen Kaufnebenkosten verbunden. Auch bei der Flexibilität bringen offene Immobilienfonds Nachteile mit sich: Während etwa bei Aktien- oder Anleihefonds die Anteile in beliebiger Höhe börsentäglich zurückgegeben werden können, gibt es bei offenen Immobilienfonds sowohl eine Mindesthaltedauer von 24 Monaten als auch eine Kündigungsfrist von 12 Monaten.

## Aktiv gemanagte Fonds oder Indexfonds (ETFs)

Beim Fondsinvestment stellt sich nicht nur die Frage nach der Wertpapiergattung, die der Fonds enthalten soll. Überlegen sollten Sie auch, ob Sie eher einen aktiv gemanagten Fonds oder einen börsengehandelten Indexfonds – im Börsenjargon auch als Exchange Traded Fund oder häufiger mit der Abkürzung ETF bezeichnet – bevorzugen.

Wird ein Fonds aktiv gemanagt, dann gibt zunächst das interne Regelwerk vor, welche Wertpapiere grundsätzlich infrage kommen – beispielsweise Aktien von Großunternehmen aus der Eurozone. Innerhalb dieses Rahmens entscheidet das Fondsmanagement über den Kauf und Verkauf einzelner Aktien. Die Fondsgesellschaft benötigt also Analysten und Fondsmanagerinnen, deren Kosten aus den jährlichen Verwaltungsgebühren finanziert werden. Darüber hinaus erhalten die Vertriebspartner den beim Kauf fälligen Ausgabeaufschlag als Verkaufsprovision.

ETF-Anbieter machen es sich zunutze, dass es für nahezu jedes wichtige Segment am Kapitalmarkt einen Index gibt, der einen schnellen Überblick über die durchschnittliche Kursentwicklung gibt – beispielsweise den MSCI-Weltaktienindex oder den Euro-Stoxx-Index der Euroländer. Mit diesen Daten als Basis übernimmt ein Computeralgorithmus die Zusammenstellung des Portfolios und bildet einfach die Zusammensetzung des dazugehörigen Wertpapierindex nach. Ob einzelne Aktien besonders aussichtsreich erscheinen oder nicht, bleibt unberücksichtigt. Für den Verzicht auf das aktive Management bekommen Anleger und Anlegerinnen einen Kostenvorteil, denn die jährlichen Verwaltungsgebühren sind bei einem ETF oft um 90 Prozent günstiger als bei einem aktiv gemanagten Fonds.

Sowohl aktiv gemanagte Fonds als auch ETFs können Sie über Banken und Wertpapierbroker erwerben, wobei sich die Kosten beim Kauf je nach Fondsgattung unterscheiden können.

→ **TIPP**

Wichtigstes Kriterium für Ihre Entscheidung zwischen ETF und gemanagtem Fonds ist, ob Sie es dem Management zutrauen, durch eine clevere Wertpapierauswahl und die damit verbundene Extrarendite nicht nur die höheren Kosten wieder hereinzuholen, sondern auch dauerhaft besser abzuschneiden als der Vergleichsindex. Zur Orientierung: Die meisten Fondsmanager schaffen das nicht, sodass der kostengünstige ETF die empfehlenswertere Alternative ist.

## Die richtige Fondsstrategie

Ein wichtiger Gesichtspunkt bei der Fondsstrategie ist die Höhe des Schwankungsrisikos. Hier gilt als Faustregel: Je länger die Anlagedauer, umso höhere Schwankungsbreiten können in Kauf genommen werden.

Diese Faustregel bezieht sich nicht auf die gesamte Anlagedauer, sondern auf den bis zur geplanten Fälligkeit verbleibenden Zeitraum. Wenn Sie sich im achten Jahr eines zehnjährigen Sparplans befinden, sollten Sie daher Ihr Anlagerisiko auf die restlichen zwei Jahre Laufzeit abstimmen.

**Thomas Hentschel ist Finanzexperte bei der Verbraucherzentrale NRW**
„Die Anlagedauer für einen Fonds sollte mindestens 15 Jahre betragen. So lassen sich Schwankungen und Verluste aussitzen. Denn die längste Verlustphase des MSCI World hat immerhin 40 Monate gedauert."

Daraus resultiert sinnvollerweise die Strategie, im Lauf des Sparplans das Anlagerisiko schrittweise zu reduzieren. Würden Sie dies nicht tun, können Ihnen daraus erhebliche Risiken erwachsen. So wäre es strategisch falsch, bei einer geplanten Spardauer von zehn Jahren bis zum letzten Tag allein auf Aktienfonds zu setzen. Sollte es zum Zeitpunkt des Immobilienkaufs einen Börsencrash geben, wäre möglicherweise ein wichtiger Teil Ihres Eigenkapitals innerhalb weniger Tage verloren.

Empfehlenswert ist es daher, etwa drei bis fünf Jahre vor dem geplanten Immobilienerwerb damit zu beginnen, die Aktienfonds oder ETFs auf das Tagesgeldkonto oder zumindest in schwankungsarme Rentenfonds umzuschichten. Dies muss nicht zwangsläufig zu einem bestimmten Zeitpunkt in einer einzigen Umschichtungsaktion erfolgen. Sie können auch viertel- oder halbjährlich kleinere Teile Ihres Guthabens

„in Sicherheit bringen". Damit können Sie Kursschwankungen glätten und sich von den kurzfristigen Schwankungen der Aktienmärkte unabhängiger machen.

**→ TIPP**

**Denken Sie beim Risiko nicht nur an die Aktienmärkte. Auch Währungen können teilweise heftig schwanken – und sowohl Aktien- wie auch Rentenfonds legen je nach Anlagestrategie einen mehr oder weniger großen Teil ihres Guthabens in fremden Währungen an. Daher sollten Sie in der Schlussphase durch den Wechsel in Fonds mit den Euroländern als Anlageschwerpunkt auch den Fremdwährungsanteil deutlich reduzieren.**

## Bausparen ohne Riester-Förderung

Während die Kredit- und Anlagezinsen bei Banken je nach aktueller Situation am Zinsmarkt recht kräftig schwanken können, wirkt sich bei Bausparkassen das Auf und Ab am Zinsmarkt nur sehr gedämpft aus. Der Grund: Die Institute sind wegen der besonderen Struktur des Bausparvertrags zumindest teilweise vom Zinsmarkt praktisch abgekoppelt.

Die Bausparkassen verschaffen sich von den Bausparern und Bausparerinnen Geld zu günstigen Konditionen, indem sie für das angelegte Bausparguthaben nur einen niedrigen Zins zahlen. Dieses Geld wird wiederum zu vergleichsweise günstigen Zinsen in Form des Bauspardarlehens an die Kundschaft ausgeliehen. Allerdings stehen diese Mittel nur in begrenztem Umfang zur Verfügung, das heißt, eine Bausparkasse kann nur so viel an günstigen Bauspardarlehen vergeben, wie auf der anderen Bilanzseite in Form von Bausparguthaben abgedeckt ist.

Aus diesem Grund haben Bausparverträge eine besondere Gestaltung. Sie schließen zunächst einmal einen Vertrag über eine bestimmte Summe ab, dann beginnen Sie mit dem regelmäßigen Sparen, wobei auch Extraeinzahlungen möglich sind. Je nach angesammeltem Guthaben erhöht sich Jahr für Jahr die sogenannte Bewertungszahl. Hat sie eine bestimmte Höhe erreicht, ist der Vertrag zuteilungsreif. Dann können Sie sowohl das Guthaben als auch die Differenz zwischen dem bereits angesparten Guthaben und der abgeschlossenen Vertragssumme als Bauspardarlehen in Anspruch nehmen.

In den Standardtarifen ist die Zuteilungsreife meist dann erreicht, wenn das Guthaben etwa 40 bis 50 Prozent der Bausparsumme beträgt und der Vertrag fünf bis neun Jahre regelmäßig bespart wurde. Die Tilgung des Darlehens erfolgt relativ zügig und ist üblicherweise nach zehn bis fünfzehn Jahren abgeschlossen. Daher müssen Sie beim Bauspardarlehen aufgrund des hohen Tilgungsanteils eine höhere monatliche Kreditrate einplanen als bei einem Bankdarlehen mit langsamerer Tilgung.

Mittlerweile gibt es auch flexible Tarife, bei denen nicht mehr statisch auf 40 oder 50 Prozent Mindestansparsumme geachtet wird. So kann man zum Beispiel das Eineinhalb- oder Zweifache des erreichten Guthabens als Darlehen schon vor Erreichen des Mindestansparsumme bekommen. Allerdings sind dann die Kreditzinsen gestaffelt oder höher. Außerdem muss der Bausparvertrag in diesem Fall mit höheren Raten getilgt werden.

Das Interessante beim Bausparen ist, dass sowohl die Guthaben- als auch die Kreditzinsen schon beim Abschluss des Vertrags verbindlich fixiert werden. Häufig ist der Kreditzins etwa 1,5 bis 2,5 Prozentpunkte höher als der Guthabenzins. Sie haben damit über die gesamte Laufzeit kein Zinsänderungsrisiko.

Allerdings bleibt ein Unsicherheitsfaktor bestehen, weil der Zeitpunkt der Zuteilung von den Bausparkassen nicht garantiert wird. Je nach Finanzlage kann die erforderliche Bewertungszahl geändert werden, sodass sich in ungünstigen Fällen trotz „pflichtgemäßer" Einzahlungen die Zuteilung um mehrere Monate verzögern kann – und dann müssen Sie zusätzliche Zinsen für eine Zwischenfinanzierung bezahlen.

**ACHTUNG**

**Bausparfinanzierung bringt hohe Kreditraten mit sich**

Aufgrund der schnellen Tilgung und der damit verbundenen hohen Monatsrate kann eine reine Bausparfinanzierung aufgrund extrem hoher Monatsraten gefährlich werden. Aus diesem Grund empfiehlt sich beim Immobilienerwerb die Bausparfinanzierung als Ergänzung zu einem Bankkredit.

Als reine Geldanlage ist der Bausparvertrag zunächst einmal wenig attraktiv, weil die Guthabenzinsen vergleichsweise gering ausfallen. Als Entschädigung für diesen Verzicht erhalten Sie jedoch günstige Kreditzinsen. Damit wird allerdings das Bausparen für Sie zur Spekulation, denn je nach Zinsszenario sind Sie auf der Gewinner- oder Verliererseite:

→ Wenn Sie in Zeiten niedriger Zinsen ansparen und in der Hochzinsphase den Bausparkredit zugeteilt bekommen, haben Sie gewonnen. Denn beim Sparen wären die Alternativen nicht wesentlich lukrativer gewesen, und bei der Finanzierung hätten Sie für ein Bankdarlehen deutlich mehr bezahlt.

→ Wenn Sie jedoch in der Hochzinsphase sparen und in der Niedrigzinsphase Ihr Bauspardarlehen abrufen, haben Sie Geld verloren. Dann nämlich hätten Sie mit anderen Sparplänen viel höhere Zinsen kassiert, während in Niedrigzinsphasen so manches Bankdarlehen nicht teurer als ein Bauspardarlehen ist.

Lassen Sie sich von niedrigen Zinsen nicht blenden, denn Bausparkassen berechnen ihren Kunden beim Vertragsabschluss hohe Nebenkosten in Form der Abschlussgebühr, die je nach Anbieter meist zwischen 1,0 und 1,6 Prozent der Vertragssumme beträgt. Achten Sie deshalb darauf, dass in Planungs- und Vergleichsrechnungen die Abschlussgebühr berücksichtigt wird.

**→ TIPP**

**Bei der Bausparsumme sollten Sie auf den monatlichen Regelsparbeitrag achten, der je nach Anbieter und Tarifvariante meist zwischen 0,3 und 1,0 Prozent monatlich der Vertragssumme beträgt. Nur wenn Sie diesen auch erbringen, können Sie innerhalb der angegebenen Zeit die Zuteilungsreife erreichen. Lassen Sie sich vor Vertragsabschluss auf jeden Fall eine Modellrechnung erstellen. So können Sie feststellen, wie sich Guthaben und Bewertungszahl entwickeln und wann Sie mit der Zuteilungsreife rechnen können.**

Eine Extrarendite können Sie dank staatlicher Zuschüsse mit dem Bausparen erzielen, wenn Sie Anspruch auf Arbeitnehmersparzulage im Rahmen der vermögenswirksamen Leistungen (vL) oder Anspruch auf eine Wohnungsbauprämie haben.

Wenn Sie als Arbeitnehmer oder Arbeitnehmerin Ihre vermögenswirksamen Leistungen auf einen Bausparvertrag fließen lassen, erhalten Sie auf Sparleistungen von bis zu 470 Euro pro Jahr 9 Prozent Arbeitnehmersparzulage. Voraussetzung ist jedoch, dass das zu versteuernde Jahreseinkommen maximal 40.000, bei Verheirateten höchstens 80.000 Euro beträgt.

Darüber hinaus kann für außerhalb der vermögenswirksamen Leistungen eingezahlte weitere Sparbeiträge eine Wohnungsbauprämie kassiert werden. Hier gelten wiederum andere Einkommens- und Fördergrenzen. Mit 10 Prozent werden jährliche Einzahlungen bis 700 Euro bei Ledigen und 1.400 Euro bei Verheirateten subventioniert. Die Einkommensgrenze liegt für Alleinstehende bei 35.000 Euro pro Jahr und für Verheiratete bei 70.000 Euro.

Wichtig beim Bausparen ist die Wahl der optimalen Vertragssumme, um die Förde-

**Die optimale Bausparsumme für Verheiratete**

| FÖRDERUNG | OPTIMALE BAUSPARSUMME BEI EINEM REGELBETRAG VON 0,4 PROZENT | OPTIMALE BAUSPARSUMME BEI EINEM REGELBETRAG VON 0,6 PROZENT | OPTIMALE BAUSPARSUMME BEI EINEM REGELBETRAG VON 0,8 PROZENT |
|---|---|---|---|
| 1 x Sparzulage + 2 x Wohnungsbauprämie | 39.000 Euro | 26.000 Euro | 19.000 Euro |
| 2 x Sparzulage + 2 x Wohnungsbauprämie | 49.000 Euro | 33.000 Euro | 24.000 Euro |
| nur Wohnungsbauprämie | 29.000 Euro | 19.000 Euro | 15.000 Euro |

**Die optimale Bausparsumme für Ledige**

| FÖRDERUNG | OPTIMALE BAUSPARSUMME BEI EINEM REGELBETRAG VON 0,4 PROZENT | OPTIMALE BAUSPARSUMME BEI EINEM REGELBETRAG VON 0,6 PROZENT | OPTIMALE BAUSPARSUMME BEI EINEM REGELBETRAG VON 0,8 PROZENT |
|---|---|---|---|
| Sparzulage + Wohnungsbauprämie | 24.000 Euro | 16.000 Euro | 12.000 Euro |
| nur Wohnungsbauprämie | 15.000 Euro | 10.000 Euro | 7.000 Euro |

rung bestmöglich auszunutzen. Sie sollten nur so viel einzahlen, wie staatlich gefördert wird. Die darüber hinausgehenden Beträge bringen mangels Förderung keine attraktive Rendite mehr. Daher sollte der Bausparvertrag so ausgelegt sein, dass er mit der Besparung über staatlich subventionierte Einzahlungen nach rund sieben Jahren zuteilungsreif ist.

Achten Sie also auf die passende Vertragssumme, denn hier rundet so manche Bausparkasse großzügig nach oben auf. Der Dumme ist dann der Kunde, dessen Abschlussgebühr sich ja nach der Höhe der Vertragssumme bemisst und der somit über-

GUT ZU WISSEN

### Viele Abzugsmöglichkeiten

Die Einkommensgrenzen erscheinen zwar auf den ersten Blick niedrig – doch dank vieler Abzugsmöglichkeiten sind viele Bausparer zulagenberechtigt. Sowohl bei der Arbeitnehmersparzulage wie auch bei der Wohnungsbauprämie ist nämlich als Kriterium nicht das Bruttogehalt auf der Lohnabrechnung, sondern das zu versteuernde Einkommen maßgeblich. Dieses liegt nach Abzug von Werbungskosten, Sonderausgaben und Kinderfreibeträgen deutlich unter dem Bruttoeinkommen.

höhte Gebühren zahlt und keinen zuteilungsreifen Bausparvertrag einsetzen kann.

Um dies zu vermeiden, sollten Sie anhand der Tabellen vor dem Abschluss prüfen, ob die Vertragssumme in etwa Ihrer persönlichen Situation entspricht. In den Tabellen finden Sie die ideale Bausparsumme für die unterschiedlichen persönlichen Situationen. Bei den Angaben handelt es sich um ungefähre Werte, die je nach Anbieter und Tarif variieren können.

## Bausparen mit Riester-Förderung

Im Rahmen der Wohn-Riester-Förderung können Sie spezielle Riester-Bausparverträge abschließen. Dabei kommen Sparerinnen und Sparer in den Genuss der staatlichen Zulage, die bei maximaler Ausnutzung der jährlichen Einzahlung bei 175 Euro pro Sparer oder Sparerin liegt. Dazu kommen 185 Euro jährliche Kinderzulage für jedes Kind, das vor 2008 geboren wurde. Für jedes jüngere Kind gibt es sogar 300 Euro pro Jahr. Zusätzlich zu den Zulagen kann es eine Steuervergünstigung geben, weil Sie in Ihrer Einkommensteuererklärung Ihre Riester-Sparbeiträge im Rahmen der Sonderausgaben bis maximal 2.100 Euro als Aufwendungen für die Altersvorsorge geltend machen können. Hierbei prüft das Finanzamt, ob für Sie der daraus resultierende Steuerabzug oder die erhaltene Zulage günstiger ist. Wenn der Steuervorteil geringer ist als die Zulage, dürfen Sie die Zulagen behalten. Ist der Steuervorteil höher, erstattet Ihnen das Finanzamt die Differenz zwischen Steuervorteil und erhaltener Zulage zurück.

Berechtigt sind Beamte sowie alle, die in der gesetzlichen Rentenversicherung pflichtversichert sind. Dazu zählen neben Arbeitnehmenden auch pflichtversicherte Selbstständige, etwa Landwirte oder Angehörige der Künstlersozialkasse.

BEISPIEL

Liegt das Vorjahreseinkommen zum Beispiel bei 40.000 Euro, müssen 4 Prozent davon – also 1.600 Euro jährlich – in einen Riester-Vertrag fließen, um die maximale Zulage zu erhalten. Können Verheiratete für zwei Verträge zwei Mal die Grundzulage und zwei Mal die Kinderzulage für ab 2008 geborene Kinder geltend machen, übernimmt der Fiskus von der Sparrate 950 Euro, sodass der Sparer oder die Sparerin selbst nur noch 650 Euro pro Jahr einzahlen muss.
Tilgungsraten, für die der Sparer beziehungsweise die Kreditnehmerin Riester-Förderung erhält, werden vom Staat auf einem sogenannten Wohnförderkonto aufsummiert. Dieses Konto dient der Dokumentation, wie hoch die geförderten Sparraten insgesamt sind. Beim Eintritt ins Rentenalter wird der Kontostand nach und nach aufgelöst, wobei die Teilauflösungen als Einkommen zu versteuern sind. Der komplette Kontostand kann auch direkt beim Renteneintritt auf einen Schlag versteuert werden – dann gewährt das Finanzamt auf die Steuerschuld einen Rabatt von 30 Prozent.

ACHTUNG

**Keine Doppelförderung**

Wenn Sie einen Bausparvertrag abschließen, müssen Sie sich entscheiden, ob Sie lieber die Riester-Förderung oder die Kombination aus Arbeitnehmersparzulage und Wohnungsbauprämie in Anspruch nehmen. Eine Doppelförderung des gleichen Vertrags ist nicht möglich.

Viele Bausparkassen bieten spezielle Riester-Tarife an, die sich – abgesehen von der staatlichen Förderung – kaum von den Normaltarifen unterscheiden.

Auch beim Riester-Bausparen wird ein Vertrag über eine feste Summe abgeschlossen, der mit regelmäßigen Raten bespart und bei entsprechender Spardauer und ausreichendem Guthaben zuteilungsreif wird. Dann kann der Bausparer oder die Bausparerin die Differenz zwischen Guthaben und Vertragssumme als Kredit abrufen und entscheiden, ob auch die Tilgung des Darlehens mit Riester-Förderung oder ohne staatliche Zulagen stattfinden soll.

Wie hoch die Bausparsumme sein soll, ergibt sich aus der optimalen jährlichen Einzahlung – und diese wiederum ist vom Einkommen abhängig. Maßgeblich ist für jedes Jahr das Vorjahresbruttoeinkommen.

ACHTUNG

### Bei Verstoß drohen finanzielle Verluste

Beim Riester-Bausparen gelten strenge Kriterien und bei einem Verstoß gegen die Förderbestimmungen droht die Rückzahlung der Zulagen. So darf das Guthaben nur zur Finanzierung eines selbst genutzten Eigenheims verwendet werden, vermietete Wohnimmobilien sind nicht zulageberechtigt. Dabei gilt eine Ausnahme: Die Immobilie darf für die Zeit einer beruflich bedingten Abwesenheit vermietet werden.

Wird die Immobilie verkauft, muss spätestens nach fünf Jahren wieder eine neue selbst genutzte Immobilie oder ein Dauerwohnrecht in einem Senioren- oder Pflegeheim erworben werden.

Sonst lässt sich nach dem Verkauf die Zulage nur retten, wenn aus dem Verkaufserlös ein Betrag, der dem Stand des Wohnförderkontos entspricht, innerhalb eines Jahres in einen neuen Riester-Sparvertrag eingezahlt wird. Ansonsten muss der auf dem Wohnförderkonto angesammelte Betrag sofort versteuert werden.

## Die richtige Fälligkeitsplanung

Beim Erwerb einer Immobilie ist es wichtig, dass das Eigenkapital sofort verfügbar ist und zum Zahlungstermin an den Verkäufer überwiesen werden kann. Ist dies nicht der Fall, muss die Kapitalanlage bis zu ihrer Fälligkeit mit einem Kredit zwischenfinanziert werden. Zwar ist die Genehmigung des Kredits normalerweise nicht mit Problemen verbunden, weil der finanzierenden Bank die entsprechende Kapitalanlage als Sicherheit abgetreten werden kann. Da jedoch die Zinsen für den Überbrückungskredit im Regelfall höher sind als die Zinserträge der Kapitalanlage, ist damit zumeist ein finanzieller Verlust verbunden.

Weil der Kauf des Eigenheims nicht spontan erfolgen, sondern von langer Hand geplant werden sollte, geht mit den ersten Planungsschritten auch das Fälligkeitsmanagement der als Eigenkapital geplanten Geldanlagen einher.

Den geringsten Handlungsbedarf gibt es bei Geldanlagen auf dem **Tagesgeldkonto**. Weil hier das gesamte Guthaben täglich abgerufen werden kann, kann das Tagesgeldkonto bis zum Zeitpunkt der Kaufpreiszahlung als verzinstes Sammelkonto für den Eigenkapitalanteil dienen.

Weniger spontan ist der Zugriff auf **Sparbücher und Sparkonten** möglich, wenn es um hohe Beträge geht. Ohne Kündigungsfrist können Sie maximal 2.000 Euro pro Monat abheben, bei größeren Beträgen gilt eine dreimonatige Kündigungsfrist. Zwar lässt sich im Bedarfsfall das Guthaben auch sofort auflösen, doch dann müssen Sie der Bank einen Vorschusszins als Entschädigung für den vorzeitigen Zugriff bezahlen.

Keine Chance auf vorzeitige Kündigung haben Sie bei **Festgeldern und Sparbriefen**. Daher sollten Sie bei diesen Anlageprodukten die Fälligkeit besonders vorausschauend im Blick behalten und lieber auf kürzere Laufzeiten setzen, um im Bedarfsfall eine verlustbringende Zwischenfinanzierung zu vermeiden.

Auch bei **Bausparverträgen** kann eine Zwischenfinanzierung erforderlich sein, wenn der Vertrag zum Zeitpunkt des Immobilienkaufs noch nicht zuteilungsreif ist. Unter Umständen lässt sich die Zuteilung mit einer Aufteilung des Bausparvertrags in zwei Einzelverträge beschleunigen. Dabei wird ein möglichst großer Teil des Guthabens in einen der beiden Verträge umgeschichtet, um eine höhere Bewertungszahl und damit eine schnellere Zuteilung zu erzielen.

Bei **Fonds- und ETF-Guthaben** ist der Zugriff zwar jederzeit möglich, allerdings wird die Höhe des Kapitals von der aktuellen Börsenstimmung beeinflusst. Wie bereits erläutert, sollten Sie daher schon einige Jahre vor der Konkretisierung Ihrer Kaufpläne mit der schrittweisen Umschichtung in sichere Anlageformen – etwa auf das Tagesgeldkonto oder in kurz laufende Festgelder – beginnen.

**Thomas Hentschel ist Finanzexperte bei der Verbraucherzentrale NRW**
„Bevor Ihre Wahl auf das Bauspardarlehen fällt, sollten Sie den aktuellen Zinssatz für Hypothekendarlehen prüfen. Denn Sie können sich auch dafür entscheiden, das Bauspardarlehen nicht in Anspruch zu nehmen, sich die Bausparsumme auszahlen lassen und für Ihre Finanzierung ein Hypothekendarlehen nutzen."

## Erbschaften und Schenkungen

Der Generationswechsel sorgt für einen gigantischen Kapitalstrom: Jahr für Jahr werden laut einer Schätzung des Deutschen Instituts für Wirtschaftsforschung (DIW) Vermögenswerte im Wert von rund 400 Milliarden Euro vererbt oder als Schenkung an die nächste Generation übertragen.

Ob und in welcher Höhe im konkreten Fall ein finanzieller Zufluss zu erwarten ist, hängt ganz von den familiären Verhältnissen ab. Weil der Zeitpunkt der Übertragung nicht immer mit dem Zeitpunkt des Immobilienerwerbs übereinstimmt, kann es unter Umständen erforderlich sein, eine durch eine Erbschaft oder Schenkung erhaltene größere Summe für einen bestimmten Zeitraum zu „parken“.

Weil es sich hier meist um Summen handelt, die in der Planung wie Eigenkapital verbucht werden, hat bei der Anlage die Sicherheit oberste Priorität. Schwankungsanfällige Anlageformen wie Aktienfonds sollten Sie daher meiden. Wenig sinnvoll sind auch große Sondereinzahlungen auf Bausparverträge, weil diese so aufgebaut sind, dass sie mit einer regelmäßigen Besparung die beste Rendite bringen. Zudem sind Sondereinzahlungen nur mit Zustimmung der Bausparkasse möglich.

Infrage kommen somit je nach geplanter Anlagedauer in erster Linie Tages- und Festgeldkonten sowie Sparbriefe.

**→ TIPP**

Wer schon zu Lebzeiten einen Teil seines Vermögens an die nachfolgende Generation überträgt, kann für diese die Erbschaftsteuer mindern. Zwar sind Schenkungen grundsätzlich steuerpflichtig, doch gelten für nahe Angehörige großzügige Freibeträge – so etwa für Kinder 400.000 Euro und für Enkel 200.000 Euro. Nach Ablauf von zehn Jahren wird der verbrauchte Freibetrag erneuert, sodass beim Vererben von größeren Vermögen keine oder eine geringere Erbschaftsteuer anfällt, wenn mindestens zehn Jahre vor dem Erbfall bereits eine Schenkung erfolgt ist.

# Die richtige Finanzierungsstrategie

**Die Finanzierung des Eigenheims bringt für viele Jahre eine hohe finanzielle Belastung mit sich. Umso wichtiger ist es, zuallererst den eigenen finanziellen Spielraum auszuloten und das verfügbare Gesamtbudget für den Immobilienkauf zu ermitteln. Nur wenn die Finanzierung auf einem soliden Fundament steht, sorgen die eigenen vier Wände für die erwünschte Sicherheit.**

Bevor Sie Ihre Traumwohnung oder Ihr Traumhaus auswählen können, brauchen Sie zunächst Klarheit über Ihre finanzielle Belastbarkeit. Eigentlich eine Selbstverständlichkeit – doch wie oft die eigene Finanzkraft falsch eingeschätzt wird, zeigen die Zahlen der Zwangsversteigerungsstatistik. Jahr für Jahr kommen in Deutschland mehrere Tausend Immobilien unter den Hammer. Die Gründe dafür liegen nicht selten darin, dass die Finanzierung zu optimistisch geplant worden ist und ein Sicherheitspuffer für Negativszenarien wie Zinserhöhung bei der Anschlussfinanzierung oder Einkommensminderung fehlt.

Je gründlicher Sie also Ihre Finanzierung planen, umso geringer ist das Risiko, dass Sie nach dem Kauf böse Überraschungen erleben. Und schließlich wollen Sie in Ihrem neuen Zuhause nicht nur stilvoll wohnen, sondern auch ruhig schlafen.

## Der Kaufpreis ist nicht alles

Bevor Sie Ihren finanziellen Rahmen festlegen, sollten Sie wissen, dass dieser nicht mit dem Kaufpreis übereinstimmt, den Sie mit dem Verkäufer vereinbart haben. Denn: Zum „Netto“-Kaufpreis, der auf das Konto des

BEISPIEL

**Beispiel für die Berechnung des Kaufbudgets**

Wie sich die Kalkulation konkret auswirken kann, verdeutlicht das folgende Beispiel:

| | | |
|---|---|---|
| **Kaufpreis netto:** | | **400.000 Euro** |
| Grunderwerbsteuer (5,0 Prozent): | + | 20.000 Euro |
| Notar- und Grundbuchgebühren (1,5 Prozent): | + | 6.000 Euro |
| Maklerprovision (3,57 Prozent inklusive Mehrwertsteuer): | + | 14.280 Euro |
| **Kaufpreis inklusive Nebenkosten:** | | **440.280 Euro** |
| geplante Kosten für Einbauküche: | + | 15.000 Euro |
| **Kaufbudget insgesamt:** | | **455.280 Euro** |

Verkäufers überwiesen wird, kommen noch einige größere Posten hinzu. Schon in der ersten ungefähren Finanzierungsplanung sollten Sie daher die folgenden Nebenkosten berücksichtigen:

→ Die **Grunderwerbsteuer** beträgt je nach Bundesland 3,5 bis 6,5 Prozent des im Notarvertrag festgelegten Kaufpreises.

→ Die **Kosten für Notarvertrag und Grundbucheintragungen** machen je nach Höhe der einzutragenden Grundschulden weitere 1 bis 1,5 Prozent aus.

→ Wenn Sie einen Immobilienmakler einschalten, müssen Sie dessen **Provision** berücksichtigen – im Regelfall sind dies 3 Prozent des Kaufpreises plus Mehrwertsteuer.

→ Nicht zuletzt sollten Sie bedenken, dass Sie nicht alle bisherigen Einrichtungsgegenstände ins neue Eigenheim übernehmen können – insbesondere die Einbauküche. Planen Sie deshalb für **Neuanschaffungen** genügend Reserven ein.

Wären Sie im Beispielfall nur von der Finanzierung des reinen Kaufpreises ausgegangen, müssten Sie mehr als 55.000 Euro nachfinanzieren. Bei 4 Prozent Zins und 2 Prozent anfänglicher Tilgung würde sich Ihre Monatsrate deshalb um 275 Euro verteuern.

Dazu kommt ein weiterer wichtiger Punkt: Je niedriger Ihre Eigenkapitalquote ist, desto höhere Zinsen verlangt die Bank. Wenn Sie in diesem Berechnungsbeispiel 100.000 Euro an Eigenkapital vorweisen können, scheint Ihre Eigenkapitalquote bei der Finanzierung zunächst bei 25 Prozent zu liegen. Weil Sie jedoch die gesamten Nebenkosten mitfinanzieren müssen, benötigen Sie ein Darlehen in Höhe von 355.000 Euro. Dieses setzt die Bank ins Verhältnis zum reinen Kaufpreis, und damit liegt Ihre Eigenkapitalquote tatsächlich bei nur 11,3 Prozent.

Beim Kauf eines Altbaus sollten Sie darüber hinaus die Aufwendungen für Renovierung und Modernisierung einplanen. Hier sollten Sie großzügigen Spielraum für unvorhergesehene Aufwendungen lassen, denn die Erfahrung zeigt: Im Lauf einer Renovierung kommen fast immer einige Zusatzarbeiten hinzu, und der ursprünglich geplante Etat wird oft überschritten.

**→ TIPP**

**Stellen Sie Ihre Kalkulation stets so auf, dass sämtliche Nebenkosten aus dem Eigenkapital finanziert werden. Dann können Sie das restliche Eigenkapital dem Kaufpreis gegenüberstellen und daraus die realistische Eigenkapitalquote als Basis für die Finanzierungsverhandlung errechnen.**

## Wie viel Schulden kann ich mir leisten?

Ganz klar: Mit der richtigen Antwort auf diese Frage steht und fällt Ihre Finanzierung. Auch wenn am Ende der Traum von den eigenen vier Wänden eine Nummer kleiner ausfällt, sollten Sie der finanziellen Sicherheit oberste Priorität einräumen. Gehen Sie strukturiert vor, behalten Sie Ihre Einnahmen und Ausgaben im Blick. Auf diese Weise können Sie Ihren finanziellen Spielraum in drei Schritten abstecken:

1. Ermitteln Sie, wie hoch Ihre derzeitigen Einnahmen und Ausgaben sind.
2. Rechnen Sie aus, wie sich nach dem Übergang vom Mieter zum Eigentümer – noch ohne Berücksichtigung der Kreditrate – diese Ausgaben verändern und wie viel Reserve Ihnen dann für Zins und Tilgung bleibt.
3. Nun können Sie anhand der möglichen Monatsrate, die Sie sich leisten können, die Höhe des Darlehens bestimmen.

Ihre persönliche Einnahmen- und Ausgabenrechnung ist die Basis für alle weiteren Rechenschritte, deshalb sollten Sie hier möglichst exakte Werte zugrunde legen. In den Lebensbereichen, in denen die Beträge sich häufig ändern, sind Sie mit dem Prinzip der vorsichtigen Kalkulation auf der sicheren Seite: Verwenden Sie bei schwankenden Einnahmen einen eher unterdurchschnittlichen und bei schwankenden Ausgaben einen eher überdurchschnittlichen Wert. Und: Beachten Sie auch mögliche Änderungen in der Zukunft, etwa aufgrund der Familienplanung.

## Ihre Einnahmen

Zunächst sollten Sie Ihre Einnahmen auflisten. Dazu zählen vor allem:

→ **Ihr Einkommen.** Das ist in den meisten Fällen ein stabiler Ertrag, der während des Jahres durch Sonderzahlungen wie Urlaubs- oder Weihnachtsgeld beeinflusst wird. Allerdings kann es auch sein, dass das Einkommen stark schwankt. Wenn Sie im Vertrieb tätig sind und überwiegend auf Provisionsbasis bezahlt werden, ist das monatliche Fixum in aller Regel sehr niedrig. Wie hoch das Gehalt am Ende des Monats ausfällt, hängt vor allem von Ihrem Verkaufserfolg ab – und der ist nicht im Voraus planbar. Noch stärker werden die Schwankungen, wenn Sie selbstständig sind. In diesem Fall sollten Sie einen großzügigen Abschlag einkalkulieren, um die Finanzierung auch in wirtschaftlich schwierigen Zeiten sichern zu können.

→ **Kapitaleinkünfte.** Dazu zählen in aller Regel Zinseinnahmen, sofern die Zinsen nicht gleich wieder angelegt werden. Doch Vorsicht: Wenn Sie solche Guthaben als Eigenkapital beim Immobilienerwerb einsetzen, fließen daraus keine Zinsen mehr – und dann müssen die Einnahmen aus Ihrer Kalkulation herausgenommen werden.

→ **Staatliche Zahlungen.** Vor allem für junge Familien gibt es Monat für Monat Geld vom Staat, das die persönlichen Einnahmen etwas aufbessert. So haben Sie für jedes unterhaltspflichtige Kind ohne eigenes Einkommen in Ihrem Haushalt Anspruch auf Kindergeld.

Hinzu kommt für einen befristeten Zeitraum das Elterngeld, wenn sich die Eltern der Erziehung des Kindes widmen und nicht voll berufstätig sind.

### Ihre Ausgaben

Damit ist die Einkommensseite bereits abgehakt, und Sie können sich nun der – meist deutlich längeren – Aufstellung der Ausgaben widmen. Hier bietet sich die Aufgliederung nach verschiedenen Lebensbereichen an.

Einen wichtigen Posten bilden die **laufenden Lebenshaltungskosten**, die insbesondere die folgenden Positionen umfassen:

- Ausgaben für Nahrung, Kleidung, Körperpflege und Ähnliches
- Nebenkosten für Heizung, Strom, Wasser, Müllabfuhr und Ähnliches
- Abonnements, Telefon- und Internetkosten
- Fahrkarten
- Kosten für Ausgehen, Bücher, Kultur und Ähnliches

Zu den laufenden Kosten kommen die **unregelmäßigen Ausgaben**, die vielleicht nur ein oder zwei Mal pro Jahr in größeren Beträgen anfallen. Diese Kosten sollten Sie bei Ihrer Planung auf ein monatliches Budget umrechnen. Die wichtigsten Beispiele:

- Ausgaben für den Urlaub
- jährlich fällige Versicherungsbeiträge

**Mechthild Winkelmann ist Autorin des Ratgebers „Das Haushaltsbuch“**

„Wer sich einen genauen Überblick übers eigene Budget verschaffen will, sollte ein Haushaltsbuch führen. Ob klassisch auf Papier oder als App: Wenn dort etwa ein halbes Jahr alle Einnahmen sowie feste und veränderliche Ausgaben akribisch festgehalten und gegenübergestellt werden, steht unterm Strich ein realistischer Kassensturz. Werden schwarze Zahlen geschrieben, lässt sich ablesen, ob und wie viel man – ohne Abstriche bei den Ausgaben oder höhere Einnahmen – für die Finanzierung einer Immobilie aufbringen könnte.“

Auch für **größere Anschaffungen**, die in längeren Abständen fällig sind, sollten Sie genügend finanziellen Spielraum einplanen. Dazu zählen unter anderem:

- Möbel und andere Einrichtungsgegenstände
- Haushaltsgeräte
- Computer, Smartphone und Unterhaltungselektronik

Oftmals höher als vermutet sind die Ausgaben für das **Auto**. Hier wäre es leichtsinnig, lediglich mit Benzinkosten und Versicherungsbeiträgen zu kalkulieren, denn die Nebenkosten summieren sich zu stattlichen Beträgen. Je nach Fahrzeug sollten Sie pro Monat etwa 300 bis 500 Euro an Kfz-Kosten einkalkulieren. Dazu zählen:

- → Kosten für Benzin, Inspektionen und Reparaturen
- → Versicherung und Kfz-Steuer
- → Leasing- oder Finanzierungsraten
- → Nicht vergessen: Rücklagen für die Anschaffung des nächsten Autos

Auch wenn Sie schon bald Ihr Mieterdasein aufgeben wollen, sollten Sie dennoch die Wohnkosten nicht vernachlässigen. Zwar fällt die Kaltmiete als Kostenfaktor künftig weg. Doch im Gegenzug kommt eine Reihe von Aufwendungen neu hinzu: So müssen Sie Gebäudeversicherung und Grundsteuer künftig ebenso aus eigener Tasche bezahlen wie die Gebühren für die Hausverwaltung, wenn Sie Wohnungseigentümer sind.

Weil zudem alle laufenden Renovierungs- und Reparaturarbeiten selbst zu bezahlen sind, sollten Sie dafür schon im monatlichen Einnahmen- und Ausgabenbudget eine regelmäßige Rücklage einplanen.

Kalkulieren Sie als höchstmögliche Kreditrate nicht die gesamte finanzielle Reserve ein – denn es könnte ja sein, dass Sie in Ihrer Aufstellung einen Ausgabenposten vergessen haben oder dass sich die Einnahmen und Ausgaben ungünstiger als erwartet entwickeln. Etwa 10 Prozent Luft sollten auf jeden Fall zwischen Finanzreserve und Kreditrate bleiben.

Nun können Sie zumindest näherungsweise den Darlehensbetrag ermitteln, den Sie maximal aufnehmen können. Dabei gibt es allerdings noch zwei Variablen: Ihr Alter und die aktuellen Marktzinsen. Beide Faktoren beeinflussen die notwendige Höhe der anfänglichen Tilgung. Je älter Sie sind, umso schneller muss die Baufinanzierung abgezahlt werden – denn bis zum Eintritt ins Rentenalter sollte Ihr Eigenheim unbedingt schuldenfrei sein. Auch die Höhe der Finanzierungszinsen wirkt sich auf die Gesamtdauer Ihrer Finanzierung aus. Je niedriger der Zins, umso länger dauert bei identischer anfänglicher Tilgung die Rückzahlung des Darlehens.

Damit lauert in Zeiten niedriger Zinsen die Tilgungsfalle. Der Grund: Je niedriger die gesamte Monatsrate, umso langsamer wächst der Tilgungsanteil innerhalb der Rate. So würde ein Bauherr bei einem Sollzins von 5 Prozent und einer anfänglichen Tilgung von 1 Prozent rund 36 Jahre brauchen, um ohne Sondertilgung seinen Kredit abzustottern. Bei 8 Prozent Zins und gleicher anfänglicher Tilgung reduziert sich die gesamte Finanzierungsdauer aufgrund der insgesamt höheren Rate auf nur noch gut 27 Jahre. Finanzierungsexperten empfehlen daher, bei niedrigen Zinsen von Beginn an mehr zu tilgen, um diesen Nachteil auszugleichen.

**So ermitteln Sie Ihre aktuelle Liquidität**

| EINNAHMEN PRO MONAT | IHRE BETRÄGE |
|---|---|
| Nettoeinkommen | |
| Kapitalerträge (ohne Eigenkapital fürs Bauen) | |
| sonstige Einnahmen (zum Beispiel Kindergeld) | |
| *Summe der Einnahmen* | |
| **AUSGABEN PRO MONAT** | **IHRE BETRÄGE** |
| Lebenshaltungskosten | |
| unregelmäßige Ausgaben (zum Beispiel Urlaub) | |
| Beiträge, Versicherungen | |
| Rücklagen für Anschaffungen | |
| Kfz-Aufwendungen inklusive Rücklage für Neukauf | |
| laufende Nebenkosten Eigenheim | |
| *Summe der Ausgaben* | |
| Summe der Einnahmen | |
| – Summe der Ausgaben | |
| *= finanzielle Reserve pro Monat* | |

→ **TIPP Optimale Anfangstilgung ermitteln**

Bei einem Zinssatz von 7,0 Prozent genügt eine anfängliche Tilgung von 1,0 Prozent, um das Darlehen innerhalb von 30 Jahren zurückzuzahlen. Allerdings verlängert sich die Rückzahlungsdauer bei niedrigem Zins, weil dann innerhalb der Monatsrate der Tilgungsanteil langsamer zunimmt. Daher sollten Sie für jeden Prozentpunkt, den der Zins unterhalb von 7,0 Prozent liegt, den Tilgungsanteil um 0,5 Prozentpunkte erhöhen. Überdies sollten Sie ab einem Alter von 35 Jahren für jeweils fünf zusätzliche Lebensjahre beim Kreditabschluss die Tilgung um einen weiteren Prozentpunkt erhöhen, um die Rückzahlung bis zum Rentenbeginn sicherzustellen. Damit ergibt sich beispielsweise bei einem Alter von 40 Jahren und 5,0 Prozent Zins eine optimale Anfangstilgung von 3,0 Prozent, das Darlehen wäre dann bei gleichbleibendem Zins nach gut 19 Jahren zurückgezahlt.

Achten Sie bei der Ermittlung der Marktzinsen darauf, dass der Zinssatz für Darlehen gilt, bei denen 80 bis 90 Prozent des Kaufpreises finanziert werden können – es sei denn, Sie haben so viel Eigenkapital, dass Sie mit den etwas günstigeren Zinsen für besser abgesicherte Finanzierungen kalkulieren können.

**Welche Höhe des Kreditbetrags ist möglich?**

| MONATSRATE | MÖGLICHER KREDITBETRAG BEI ZINS UND TILGUNG VON ZUSAMMEN 6 PROZENT | MÖGLICHER KREDITBETRAG BEI ZINS UND TILGUNG VON ZUSAMMEN 7 PROZENT | MÖGLICHER KREDITBETRAG BEI ZINS UND TILGUNG VON ZUSAMMEN 8 PROZENT | MÖGLICHER KREDITBETRAG BEI ZINS UND TILGUNG VON ZUSAMMEN 9 PROZENT |
|---|---|---|---|---|
| 600 Euro | 120.000 Euro | 103.000 Euro | 90.000 Euro | 80.000 Euro |
| 800 Euro | 160.000 Euro | 137.000 Euro | 120.000 Euro | 107.000 Euro |
| 1.000 Euro | 200.000 Euro | 171.000 Euro | 150.000 Euro | 133.000 Euro |
| 1.200 Euro | 240.000 Euro | 206.000 Euro | 180.000 Euro | 160.000 Euro |
| 1.400 Euro | 280.000 Euro | 240.000 Euro | 210.000 Euro | 187.000 Euro |
| 1.600 Euro | 320.000 Euro | 274.000 Euro | 240.000 Euro | 213.000 Euro |

## Der wichtigste Baustein: das Eigenkapital

Auch wenn Sie sich dank eines guten Einkommens ein ordentliches Darlehen leisten könnten, wäre doch ohne ein Mindestmaß an Eigenkapital keine solide Baufinanzierung möglich. Nach dem Begleichen der Kaufnebenkosten aus eigenen Mitteln sollten Sie mindestens 10 Prozent des Kaufpreises mit Eigenkapital decken können. Daher sollten Sie nun ermitteln, in welcher Höhe Sie bereits erspartes Guthaben in Ihre Finanzierung einbauen können.

Wichtig bei der Aufstellung des Eigenkapitals ist nicht zuletzt auch die Frage, ob dieses Guthaben sofort verfügbar ist. Falls nicht, müssen Sie es nämlich bis zur Fälligkeit zwischenfinanzieren – und die dafür anfallenden Mehraufwendungen in Form zusätzlicher Kreditzinsen in der Finanzierungsplanung mit berücksichtigen.

Hier nun ein Überblick über die Finanzmittel, die als Eigenkapital bei der Immobilienfinanzierung Verwendung finden können:

- **Tages- und Festgelder** sind kurzfristig verfügbar und können sofort als Eigenkapital eingesetzt werden.
- **Aktien sowie Anteile an Investmentfonds und ETFs** können Sie kurzfristig an der Börse verkaufen und somit ohne Zwischenfinanzierung als Eigenmittel beim Bauen einsetzen. Um Ihr Risiko zu minimieren, sollten Sie Aktien oder Aktienfonds gegen schwankungssichere Tages- oder Festgelder eintauschen, sobald Sie sich zum Immobilienkauf entschlossen haben.
- **Sparbriefe oder langfristige Festgelder** lassen sich bis zur Fälligkeit in der Regel problemlos zwischenfinanzieren. Die Differenz zwischen Guthaben- und Kreditzins sollten Sie auf jeden Fall in Ihre Kostenrechnung mit einbeziehen.
- Bei **Bausparguthaben** kommt es darauf an, ob der Vertrag schon zuteilungsreif ist und ob Sie für die Finanzierung den günstigen Bausparkredit in Anspruch nehmen wollen. Bei Bedarf sollten Sie auch hier bis zur Zuteilung des Vertrags eine Zwischenfinanzierung wählen – das ist zwar kurzfristig teurer, aber auf lange Sicht können Sie von den vergleichsweise niedrigen Zinsen bei Bausparkrediten profitieren.

**GUT ZU WISSEN**

Vertiefende Informationen rund um das Thema Kaufpreis und die in diesem Zusammenhang häufig auftauchenden Begriffe Verkehrswert, Risikoabschlag, Beleihungswert und Beleihungsgrenze bietet der Ratgeber „Meine Immobilie finanzieren“, der hier erhältlich ist: **shop.verbraucherzentrale.de**

**→ TIPP**

**Je nach Marktzins kann es auch sinnvoll sein, auf das Barspardarlehen als Teil der Finanzierung des Immobilienkaufs zu verzichten. Vertiefende Informationen finden Sie ebenfalls im Ratgeber „Meine Immobilie finanzieren“.**

Auch Guthaben aus Riester-Sparverträgen können als Eigenkapital für selbst genutztes Wohneigentum infrage kommen. Aus bereits angesparten Riester-Verträgen können Sie Guthaben als „Altersvorsorge-Eigenheimbetrag“ entnehmen. Voraussetzung ist, dass sich bereits mindestens 3.000 Euro auf dem Vertragskonto befinden und nach der Entnahme mindestens 3.000 Euro im Vertrag bleiben. Das entnommene Guthaben wird auf das Wohnförderkonto (→ Seite 36) gebucht, das als Basis für die nachgelagerte Besteuerung im Rentenalter dient. Die Ent-

ACHTUNG

**Verluste bei Entnahme aus Versicherungssparplan**

Die Kapitalentnahme aus einem Riester-Versicherungssparvertrag kann in den ersten Jahren nach dem Abschluss mit Verlusten verbunden sein, weil die Anbieter die Abschluss- und Provisionskosten in den ersten Sparjahren vom Guthaben abziehen. In solchen Fällen sollten Sie abwägen, ob es sinnvoller ist, den Verlust in Kauf zu nehmen oder den Vertrag weiterzuführen.

nahme von Guthaben für den Erwerb eines Eigenheims kann aus allen Vertragsvarianten – Bausparvertrag, Bank-, Fonds- oder Versicherungssparvertrag – erfolgen.

## Eigenleistungen vorsichtig kalkulieren

Für tatkräftige Bauherrinnen und Bauherren ist die Vorstellung verlockend: Wenn Eigenkapital und Darlehen für die Finanzierung nicht ausreichen, wird eben selbst mit Hand angelegt – immerhin wird die Eigenleistung am Bau landläufig auch als „Muskelhypothek" bezeichnet. Doch nicht alle Arbeiten lassen sich zwischendurch in Feierabend- und Samstagsarbeit erledigen, und irgendwann ist auch das Urlaubskontingent ausgeschöpft. Wenn dann im Lauf der Zeit die Motivation im Freundes- und Verwandtenkreis nachlässt, kann dies der Beginn ernsthafter Termin- und Geldprobleme sein. Um solche Risiken von vornherein möglichst auszuschließen, sollten Sie auch bei den Eigenleistungen genügend Reserven einplanen, um unvorhergesehene Ausgaben und Schwierigkeiten meistern zu können.

Bei sogenannten „Ausbauhäusern" ist es empfehlenswert, den Preisnachlass durch Eigenleistung kritisch mit den Mehrkosten durch die Selbstbeschaffung des Materials zu vergleichen. Wenn dann Ihr eigener Einsatz nach Abzug der zusätzlichen Materialkosten nicht in Form eines angemessenen Preisnachlasses vergütet wird, kann es sinnvoller sein, auf Eigenleistungen zu verzichten und das zusätzliche Eigenkapital durch Überstunden oder einen Nebenjob zu erwirtschaften.

Bauexperten gehen übrigens davon aus, dass selbst tatkräftige, handwerklich versierte und engagierte Bauherren nur in den seltensten Fällen mehr als 20.000 Euro mit Eigenleistungen sparen können. Das sollte auch für Sie die Obergrenze für den veranschlagten Preisnachlass durch Eigenleistung sein.

→ **TIPP**

Für Eigenleistungen kommen in erster Linie Arbeiten im Innenausbau wie Tapezieren oder das Verlegen von Bodenbelägen infrage. Kritische Arbeiten insbesondere im Bereich von Haustechnik und Installation sollten Sie unbedingt von Fachbetrieben ausführen lassen, um folgenschwere Fehler zu vermeiden und bei Mängeln auf die Gewährleistung des ausführenden Betriebs zurückgreifen zu können.

## Das Bankdarlehen

Die meisten Baufinanzierungen laufen über Bankdarlehen, und in der Mehrzahl der Fälle ist das für Sie als Immobilienkäuferin oder Bauherr auch die beste Lösung. Dabei stellt Ihnen entweder die Bank selbst den Kredit zur Verfügung, oder sie vermittelt das Darlehen an eine Hypothekenbank weiter, die sich auf Baufinanzierungen spezialisiert hat.

Als Sicherheit stellen Sie der kreditgebenden Bank eine Grundschuld zur Verfügung. Die Rückzahlung erfolgt in monatlich gleichbleibenden Raten – auch Annuitäten genannt – mit einer anfänglichen jährlichen Tilgung von zum Beispiel 1 bis 3 Prozent des Kreditbetrags. Die Rate bleibt immer gleich hoch, während der Kreditbetrag zunächst langsam, dann immer schneller abnimmt. Dadurch erhöht sich im Lauf der Zeit der Tilgungsanteil.

Der Darlehensvertrag zwischen Ihnen und der Bank läuft allerdings nicht bis zur Tilgung der letzten Restschuld, sondern nur bis zum Ende der sogenannten Zinsfestschreibungsfrist. Innerhalb dieses Zeitraums darf die Bank den Zins nicht verändern und Sie können Ihre Raten sicher und bequem im Voraus kalkulieren.

Für Sie als Bauherr oder Bauherrin bedeutet das: Zwar sind die Zinsen für langfristig festgeschriebene Darlehen vor allem in Niedrigzinsphasen höher als für kurzfristige Darlehen, aber dafür bieten sie mehr Sicherheit. Es wäre unklug und riskant, nur wegen einiger Zehntelprozente Zinsvorteil die gesamte Baufinanzierung nur auf vier oder fünf Jahre festzuschreiben. Wenn dann die Zinsbindung ausläuft, haben Sie bei 1,5 Prozent Anfangstilgung gerade mal rund 9 Prozent Ihrer Schulden getilgt. Sind bis dahin die Zinsen gestiegen, müssen Sie bei zukünftigen Monatsraten tiefer in die Tasche greifen. Eine zu kurze Zinsfestschreibung hat schon manche Finanzierung ins Wanken gebracht und im schlimmsten Fall sogar zur Zwangsversteigerung geführt.

Ihr Schuldenberg nimmt bei langfristig festgeschriebenen Krediten im Lauf der Zeit auf erfreuliche Weise ab: Nach zehn Jahren haben Sie bei gleicher anfänglicher Tilgung bereits 21 Prozent Ihrer Schulden getilgt, nach 15 Jahren sind es sogar schon 38 Prozent.

**→ TIPP**

**Besonders viel Kalkulationssicherheit insbesondere in Phasen niedriger Marktzinsen bieten langfristige Darlehen mit 15- oder 20-jähriger Zinsbindung. Das Besondere bei solch langfristigen Darlehen ist, dass Sie als Darlehensnehmer oder Darlehensnehmerin nach Ablauf von zehn Jahren ein Sonderkündigungsrecht haben. Dies ermöglicht Ihnen die Kündigung des Darlehens – etwa um auf einen günstigeren Kredit umzuschulden – ohne Zahlung einer Vorfälligkeitsentschädigung.**

Doch was ist, wenn Sie unerwartet zu Geld kommen und zwischendurch einen Teil Ihres Darlehens außerplanmäßig tilgen wollen? Vor dem Ende der Zinsfestschreibungsfrist haben Darlehensnehmer nur bei einem wichtigen Grund – etwa dem Verkauf der Immobilie – ein Kündigungsrecht. Und dann hat die finanzierende Bank das Recht, für die vorzeitige Vertragsauflösung eine hohe Gebühr in Form der Vorfälligkeitsentschädigung zu verlangen.

In der Praxis gibt es jedoch sogenannte Sondertilgungsklauseln. Mit solchen Vereinbarungen im Kreditvertrag sichern Sie sich die Möglichkeit, innerhalb eines bestimmten Rahmens zusätzliche Tilgungen leisten zu dürfen. Marktüblich ist, dass pro Jahr rund 5 Prozent des Kreditbetrags außerplanmäßig getilgt werden dürfen.

Manche Banken verlangen einen Zinsaufschlag für die Gewährung von Sondertilgungen. Achten Sie beim Vergleich auf diese Klauseln, wenn Sie sich die Möglichkeit außerplanmäßiger Tilgungen offenhalten wollen.

Eine Alternative besteht darin, einen kleinen Teil des Darlehens auf vier oder fünf Jahre festzuschreiben. Das sollten Sie allerdings nur tun, wenn beim langfristig festgeschriebenen Darlehen keine Sondertilgungen möglich sind und wenn Sie wissen, dass Sie einen großen Teil des kurzfristigen Darlehens in vier oder fünf Jahren wirklich getilgt haben können. Der Anteil an kurzfristigen Darlehen sollte jedoch auf keinen Fall ein Drittel der gesamten Darlehenssumme übersteigen.

## Das Bauspardarlehen

Wenn sich auf einem bestehenden Bausparvertrag bereits ein größeres Guthaben angesammelt hat, können Sie die Inanspruchnahme des Bauspardarlehens in Betracht ziehen. Entscheidend für den kurzfristigen Einbau in die Finanzierung ist allerdings, dass der Vertrag bereits zuteilungsreif ist oder es zumindest in Kürze sein wird.

Mit dem Bauspardarlehen sind sowohl Vorteile wie auch Nachteile verbunden. Hier zunächst die Vorzüge:

→ Beim Bausparen gibt es günstige Kreditzinsen. Je nach aktuellem Marktzins können Sie möglicherweise günstigere Konditionen als beim Bankdarlehen erhalten.
→ Die Darlehenszinsen sind über die gesamte Laufzeit festgeschrieben. Das schützt Sie vor unliebsamen Überraschungen auf dem Geldmarkt.
→ Bei der Sicherstellung des Darlehens begnügen sich die Bausparkassen mit dem zweiten Rang im Grundbuch (→ Seite 57). So müssen Sie auch bei wenig Eigenkapital keinen Zinszuschlag bezahlen.

Allerdings sollten Sie auch die Kehrseite der Medaille nicht aus den Augen verlieren:

→ Der Zuteilungstermin kann nicht garantiert werden. Das erfordert unter

Umständen eine mehrmonatige Zwischenfinanzierung.

→ Wegen der kurzen Gesamtlaufzeit ist die Darlehensrate im Vergleich zu Bankdarlehen sehr hoch. Bei einem Kredit von 25.000 Euro (was einer Bausparsumme von rund 50.000 Euro entspricht) müssen Sie jeden Monat etwa 300 Euro zurückzahlen. Von einer Baufinanzierung ausschließlich per Bauspardarlehen ist daher abzuraten.

Manche Bausparkassen bieten auch die Komplettfinanzierung an. Das funktioniert wie folgt: Sie schließen einen Bausparvertrag über die gesamte Finanzierungssumme ab und überweisen darauf Ihre monatlichen Sparraten. Bis zur Zuteilung des Vertrags wird die Bausparsumme vorfinanziert. Dafür bezahlen Sie den marktüblichen Zins. Die Sparrate für den Bausparvertrag ist der „Tilgungsersatz". Sobald die Bausumme zugeteilt wird, wird damit die Vorfinanzierung abgelöst. Das Bausparguthaben tilgt einen Teil. Und Sie zahlen das Bauspardarlehen zurück. Ihr Vorteil dabei: Sie haben einen festen Zins und eine feste Rate über die gesamte Laufzeit – unter der Voraussetzung, dass der Sollzins der Vorfinanzierung bis zur Zuteilung des Bausparvertrags festgeschrieben ist.

**→ TIPP**

**Wenn Sie die Komplettfinanzierung durch die Bausparkasse mit einem Bankdarlehen vergleichen wollen, haben Sie ein Problem: Durch das gleichzeitige Ansparen und die Zwischenfinanzierung können Sie den Effektivzins nicht richtig vergleichen. Ziehen Sie zum Vergleich ein Bankdarlehen mit gleicher Auszahlungshöhe, gleicher Monatsrate und der Zinsbindung über die gesamte Darlehenslaufzeit heran. Die bessere Variante ist diejenige, mit der Sie früher schuldenfrei werden.**

## Tilgungsfreie Darlehen mit Fonds- oder Versicherungssparplan

Das tilgungsfreie Darlehen ist eine spezielle Variante des Bankdarlehens. In der monatlichen Rate ist allerdings kein Tilgungsanteil eingerechnet, sondern nur der Darlehenszins. Die eigentliche Tilgung erfolgt, indem Sie parallel zur Zinszahlung zusätzliche Beträge in einen Sparplan – beispielsweise eine kapitalbildende Lebensversicherung, eine fondsgebundene Lebensversicherung oder einen Fondssparplan – einzahlen. Nach Ablauf der Versicherung oder des Sparplans werden die eingezahlten Beiträge mitsamt Zinsen und Überschussanteilen ausge-

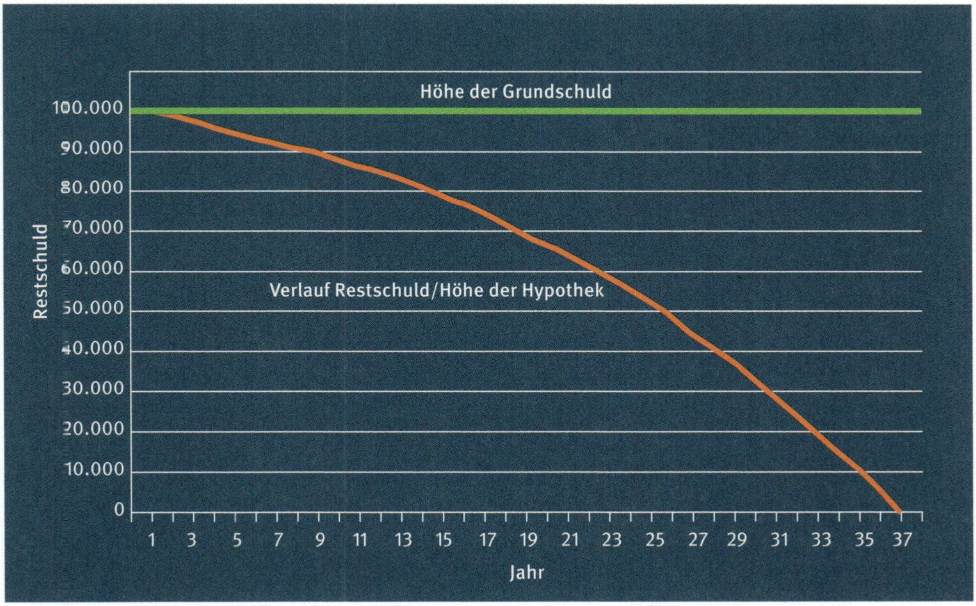


Höhe der Sicherheit einer Hypothek und einer Grundschuld bei einem Darlehen von 100.000 Euro während einer Kreditlaufzeit von 37 Jahren

zahlt – allerdings nicht an den Sparer, sondern an den Darlehensgeber. Mit dieser Summe wird dann auf einen Schlag nach 15, 20 oder 30 Jahren das komplette Darlehen abgelöst.

Allerdings ist damit ein hohes Risiko verbunden: Wenn die Rendite des Sparplans niedriger ist als der Darlehenszins, bleibt am Ende eine Tilgungslücke, die Sie entweder mit zusätzlichen Ersparnissen oder mit einem neuen Kredit ablösen müssen. Darüber hinaus ist zu beachten, dass von den Erträgen des Sparplans Abgeltungssteuer abgezogen wird, wenn der Sparerpauschbetrag ausgeschöpft ist. Ein weiteres Risiko besteht in der Auswirkung von Marktzinsänderungen: Wenn nach Auslaufen der Zinsbindung die Zinsen gestiegen sind, schlägt eine mögliche Zinserhöhung mit voller Wucht auf Ihre gesamten Schulden durch, weil Sie vom ursprünglichen Kreditbetrag noch keinen Cent getilgt haben.

Damit ist es für Eigennutzer sinnvoller, das Bankdarlehen gleich direkt und ohne den Umweg über einen Versicherungs- oder Fondssparplan zu tilgen.

## Welche Kreditsicherheiten Sie stellen müssen

Ob Bank-, Bauspar- oder Versicherungsdarlehen: Kein Kreditinstitut gibt Ihnen ein Baudarlehen, ohne dafür von Ihnen handfeste Sicherheiten als Pfand zu erhalten.

Bei der Baufinanzierung ist es üblich, dass Sie als Sicherheit für das gewährte Darlehen dem kreditgebenden Institut den Zugriff auf Ihre Immobilie einräumen. Das bedeutet in letzter Konsequenz: Wenn Sie Ihre Schulden nicht mehr begleichen können oder wollen, darf die Bank Ihre Immobilie zwangsversteigern lassen und aus dem Erlös den für die Tilgung der Schulden notwendigen Teil einbehalten. Man spricht in diesem Fall zwar meist von einem „Hypothekendarlehen", doch als Absicherung dient fast immer eine Grundschuld.

Der wichtige Unterschied: Die Hypothek ist an die Höhe der damit gesicherten Darlehensforderung gebunden und entspricht somit immer exakt dem aktuellen Stand des Kreditkontos. Ist die letzte Rate bezahlt, erlischt die Hypothek automatisch. Die Grundschuld hingegen ist unabhängig vom Stand des Darlehens und besteht so lange, bis sie im Grundbuch gelöscht wird. Die Löschung wird gekennzeichnet, indem der entsprechende Grundschuldeintrag rot unterstrichen wird.

> **BEISPIEL**
>
> Ist ein Haus mit 100.000 Euro von Bank A, 50.000 Euro von Bank B und 50.000 Euro von Bank C belastet und es wird bei der Zwangsversteigerung ein Erlös von 175.000 Euro erzielt, kann die Bank C die Hälfte ihrer Forderungen in den Wind schreiben, wenn ihre Grundschuld als Letztes eingetragen wurde.

Ist das mit der Grundschuld besicherte Darlehen vollständig getilgt, erhält der Kreditnehmer oder die Kreditnehmerin von der Bank eine Löschungsbewilligung. Gegen Vorlage dieser Bewilligung kann beim Notar die Löschung der Grundschuld veranlasst werden.

In der Kreditpraxis hat sich die Grundschuld durchgesetzt, weil sie vor allem für die Banken einfacher zu handhaben ist. Ist eine Hypothek eingetragen, muss im Fall der Zahlungsunfähigkeit des Kreditnehmers die Bank erst einmal nachweisen, dass dieser noch offene Schulden hat, da die Hypothek sonst hinfällig wäre.

Bei der Absicherung über Grundschulden können die Außenstände schneller vollstreckt werden, ohne dass vorher ein zeit-

BEISPIEL

**Beispielrechnung für die Ermittlung der Grundschuldränge**

Verkehrswert einer Wohnung: 250.000 Euro
– Risikoabschlag 20 Prozent: 50.000 Euro
**= Beleihungswert: 200.000 Euro**
Daraus folgt:
erstrangiges Darlehen bis 120.000 Euro
zweitrangiges Darlehen bis 160.000 Euro

raubendes juristisches Verfahren eingeleitet werden muss.

Grundschulden werden im Grundbuch eingetragen, wo sie von jeder Person eingesehen werden können, die ein berechtigtes Interesse – beispielsweise Kaufabsichten – nachweisen kann. Das Grundbuch genießt „öffentlichen Glauben", und damit kann jede und jeder davon ausgehen, dass das, was im Grundbuch steht, auch stimmt.

Die Eintragung einer Grundschuld erfolgt nicht zum Nulltarif, sondern wird von Notar und Grundbuchamt teuer in Rechnung gestellt. Die Kosten können je nach Höhe des Grundschuldbetrags einige 100 bis über 1.000 Euro betragen.

Die Banken können untereinander Grundschulden weitergeben, was entweder ohne Eintrag im Grundbuch in Form einer privatschriftlichen Abtretung geschieht oder im Grundbuch vermerkt wird. Das ist beispielsweise dann der Fall, wenn Sie bei einer Baufinanzierung nach Ablauf der Zinsbindungsfrist die Bank wechseln, weil Sie von einem anderen Institut ein günstigeres Angebot bekommen haben. Anstatt eine teure Löschung und Neueintragung vorzunehmen, bleibt dann die erste Bank im Grundbuch als Grundschuldinhaberin bestehen und überträgt diese Rechte an die Bank, die die neue Finanzierung durchführt.

Die unterschiedlichen „Ränge" der Grundschulden sagen einiges über die tatsächliche Sicherheit aus, denn im Fall einer Zwangsversteigerung gilt der Grundsatz: Wer zuerst seine Ansprüche verbrieft hat, bekommt als Erster sein Geld.

Da Banken auf den hinteren Rängen bei einer Zwangsversteigerung leer ausgehen können oder zumindest Teilverluste befürchten müssen, sind sie an den ersten Plätzen im Grundbuch besonders interessiert. Für erstrangige Grundschulden gibt es die besten Konditionen – damit soll der Kunde oder die Kundin motiviert werden, möglichst gute Sicherheiten zu stellen.

Für den Rang einer Grundschuld ist der Beleihungswert von Bedeutung. Dieser wird üblicherweise ermittelt, indem vom aktuellen Verkehrswert (in der Regel dem Kaufpreis) ein Risikoabschlag von 20 Prozent abgezogen wird. Bis zu 60 Prozent des Beleihungswerts gelten als erstrangig, der Bereich zwischen 60 und 80 Prozent wird als zweitrangiger Bereich bezeichnet. Hypothekenbanken bevorzugen erstrangig abgesicherte Darlehen, die Bausparkassen begnügen sich in der Regel mit dem zweiten Rang.

Auch eine bereits angesparte kapitalbildende Lebensversicherung können Sie als Sicherheit in Ihre Baufinanzierung mit einbauen und der Bank den Rückkaufswert abtreten. Dabei gilt: Es lohnt sich fast nie, einen Lebensversicherungsvertrag vorzeitig aufzulösen, weil nach dem Abzug der Verwaltungskosten die Rendite viel zu gering ist. Die Bank akzeptiert Ihre Police bis zur Höhe des aktuellen Rückkaufswerts als Kreditsicherheit.

**→ TIPP**

**Wenn Sie eine kapitalbildende Lebensversicherung als Sicherheit in die Baufinanzierung integrieren wollen, sollten Sie vor der ersten Kreditverhandlung beim Versicherer den aktuellen Stand des Rückkaufswerts anfordern. Damit können Sie dem Finanzierungsberater gleich die nötigen Daten vorlegen.**

In manchen Fällen kann es sinnvoll sein, Sparguthaben bei der Baufinanzierung nicht zu verflüssigen, sondern noch eine Zeitlang eine Zwischenfinanzierung in Anspruch zu nehmen. Dies ist etwa bei Sparbriefen oder Festgeldern mit fixer Fälligkeit der Fall, die Sie vor Ablauf nicht kündigen können. Bei solchen Zwischenfinanzierungen werden üblicherweise die entsprechenden Sparkonten oder Wertpapiere an die kreditgebende Bank verpfändet.

## Vergleichen, verhandeln, strategisch planen

Denken Sie daran: Bei der Baufinanzierung geht es um viel Geld – um Ihr Geld. Daher sollten Sie nicht nur bei Ihrer Hausbank nach den Konditionen fragen, sondern gleich parallel mehrere Angebote einholen. Auch wenn Sie nicht die Absicht haben, die Hausbank zu wechseln, können Sie mit günstigen Fremdofferten oft das eine oder andere Zugeständnis bei den Konditionen herausholen.

Holen Sie auch Angebote bei Direktbanken oder Discount-Baugeldvermittlern ein. Diese Anbieter verzichten zwar auf Beratung und stellen bei den Sicherheiten oft hohe Ansprüche, doch dafür liegen die Zinsen meist deutlich unter denen der klassischen Filialbanken und Sparkassen. Schon beim Einholen der Angebote und auch hinterher beim Vergleich sollten Sie einige wichtige Spielregeln beachten, damit Sie die richti-

gen Anbieter in die engere Auswahl nehmen. Hier die Punkte, auf die es ankommt:

→ **Gleiche Basisdaten.** Die wichtigen Daten müssen identisch sein, wenn Sie aussagekräftige Angebote erhalten wollen. Dazu zählen Kaufpreis, Eigenkapital, Sicherheiten, Einkommen sowie alle weiteren persönlichen Angaben.

→ **Zinsbindung.** Wichtig ist auch, dass die Dauer der Zinsfestschreibung gleich ist. Wenn Sie nicht von vornherein wissen, ob Sie Ihr Darlehen lieber auf 5, 10 oder 15 Jahre festschreiben, lassen Sie sich einfach verschiedene Varianten anbieten.

→ **Anfängliche Tilgung.** Achten Sie darauf, dass die Höhe der anfänglichen Tilgung bei allen Angeboten gleich ist. Auch hier gilt: Lieber zwei Varianten ausrechnen lassen, als Äpfel mit Birnen vergleichen zu müssen.

→ **Sondertilgung.** Auch die Modalitäten zur Sondertilgung müssen beim Vergleich mit einbezogen werden. Manche Banken verlangen einen Zinsaufschlag dafür, dass Sie jährlich fünf Prozent der Kreditsumme außerhalb des regulären Rückzahlungsplans tilgen dürfen. Andere Banken wiederum zeigen sich kulant. Bei sonst gleichen Konditionen sollten Sie die Bank wählen, die sich bei Sondertilgungen flexibler zeigt.

- **Teilauszahlungszuschlag.** Manche Banken verlangen einen Aufschlag, wenn der Kredit in mehreren Raten ausgezahlt wird – das ist zum Beispiel dann der Fall, wenn Sie bei Bau oder Neubaukauf nach Baufortschritt bezahlen. Dieser Posten kann jedoch in der Kreditverhandlung meist gut eliminiert werden, denn die Institute, die diese Gebühr noch kassieren wollen, sind eindeutig in der Minderheit.
- **Bereitstellungszins.** Wenn Sie sich Ihr Darlehen erst einige Monate nach Vertragsabschluss auszahlen lassen, verlangt die Bank Bereitstellungszinsen, meist auf der Basis eines Jahreszinses von 3 Prozent. Die gebührenfreie Wartezeit liegt zwischen einem und sechs Monaten. Dieses Kriterium sollten Sie bei der Auswahl der Bank beachten, wenn Sie Ihre Finanzierung einige Monate vor der eigentlichen Darlehensauszahlung abschließen.
- **Effektivzins.** Beim Angebotsvergleich kommt es vor allem auf den Zinssatz an – und zwar auf den effektiven Zinssatz. Der sogenannte Sollzins ist zwar der größte Teil dessen, was Sie für den Kredit bezahlen müssen – aber er ist eben nicht alles. Bei der Ermittlung des effektiven Zinssatzes muss berücksichtigt werden, ob die Bank Ihre Tilgungen gleich bei Zahlungseingang oder erst einige Monate später verbucht. Auch wenn die Bank gleich bei der Auszahlung des Kredits einen Zinsvorschuss einbehält – in der Fachsprache Disagio genannt –, muss dies im Effektivzins berücksichtigt werden.
- **Tilgungsplan.** Damit Sie überschauen können, wie sich Ihre finanzielle Belastung entwickelt, und Sie diese bei verschiedenen Kreditinstituten vergleichen können, brauchen Sie einen Tilgungsplan von der anbietenden Bank.

Vor der Verhandlung sollte Ihr Finanzierungsrahmen am besten schriftlich festgehalten werden. Sortieren Sie wichtige Unterlagen wie Gehalts- und Vermögensnachweise, Informationen zur infrage kommenden Immobilie und Konkurrenzangebote so, dass Sie die Daten im Ernstfall auf einen Griff verfügbar haben. Dann nehmen Sie das günstigste Angebot als Maßstab und klopfen – vom Zinssatz bis zu den Modalitäten bei Sondertilgungen – Schritt für Schritt sämtliche Verhandlungspunkte ab. Stellen Sie die einzelnen Punkte nacheinander zur Debatte.

Wenn es um die Dauer der Zinsbindung geht, gelten recht einfache Regeln. Solange die Zinsen günstig sind, lohnt es sich immer, den Kredit auf 10 oder 15 Jahre festzuschreiben und sich Sondertilgungen zu sichern.

Bei hohen Marktzinsen hingegen können Sie durchaus ein Viertel bis ein Drittel der Finanzierungssumme auf vier oder fünf Jahre festschreiben, den Rest auf zehn Jahre.

## Staatliche Fördermittel bei Kauf und Neubau

Angesichts der immensen finanziellen Belastung beim Immobilienerwerb sollten Sie jede Gelegenheit nutzen, wenn es darum geht, die Schuldenlast zu senken oder die Einnahmen zu verbessern. Vor allem für Familien und für ökologisch orientierte Bauherren bietet der Fiskus finanzielle Hilfe beim Kaufen und Bauen. Je nach Fördervariante handelt es sich dabei um Zulagen im Rahmen des Wohn-Riester-Programms, zinsverbilligte Darlehen öffentlicher Banken oder kommunale Zuschüsse.

### Darlehen mit Riester-Förderung

Nicht nur in der Ansparphase können Sie von Riester-Zulagen profitieren, sondern auch bei der Darlehensrückzahlung. Voraussetzung dafür ist, dass Sie ein förderfähiges Darlehen abschließen, mit dem Sie Ihre ausschließlich selbst genutzte Wohnimmobilie finanzieren. Um die maximale Förderung zu erhalten, muss jeder Ehepartner einen eigenen Kreditvertrag abschließen.

> **!** ACHTUNG
>
> **Finanzielle Verluste bei Umnutzung oder Verkauf**
>
> Auch in der Finanzierungsphase gelten die strengen Riester-Regeln, wenn es um die Förderung geht. Wenn Sie Ihre selbst genutzte Immobilie verkaufen oder vermieten und im Anschluss daran das Darlehen nicht innerhalb bestimmter Fristen auf eine neue und wiederum selbst genutzte Immobilie umwidmen, kann dies als schädliche Verwendung gelten. Die Regelungen hierzu sind komplex, sodass Sie sich bei Einbeziehung eines Riester-Darlehens in die Finanzierung tiefer gehend informieren sollten.

Für die mit Riester-Zulagen geförderte Baufinanzierung mit sofortigem Beginn bieten Banken und Bausparkassen zwei Varianten an:

- → das klassische **Bankdarlehen**, bei dem die Riester-Zulage direkt in die Tilgung fließt, sowie
- → die **Bauspar-Sofortfinanzierung**, bei der zunächst ein Riester-Bausparvertrag abgeschlossen wird, der bis zur Zuteilung mit einem tilgungsfreien Darlehen zwischenfinanziert wird.

Beim Bankdarlehen mit direkter Riester-Tilgung müssen Sie im Vergleich zum ungeförderten Bankdarlehen weitaus mehr Zeit für die Suche nach einem günstigen Anbieter einkalkulieren, weil nur wenige Banken diese Variante anbieten. Die Höhe der Zulagen ist dann optimal, wenn mindestens 4 Prozent des Vorjahres-Bruttoeinkommens bis maximal 2.100 Euro getilgt werden. Eine Familie mit zwei Kindern, die ab dem Jahr 2008 geboren wurden, kann im Lauf von zehn Jahren bis zu 9.500 Euro Zulagen einstreichen, wenn beide Ehepartner ein eigenes Riester-Darlehen abschließen. Bei kinderlosen Paaren beträgt die Summe der Zulagen im gleichen Zeitraum hingegen nur 3.500 Euro.

Der Knackpunkt ist, ob die seltener anzutreffenden Riester-Kredite bei den Zinsen mit den günstigen klassischen Hypothekendarlehen mithalten können. Wenn ein Riester-Bankkredit deutlich teurer ist als ein normales Darlehen, kann es für die Bauherrin oder den Bauherrn sinnvoll sein, das zinsgünstigere Darlehen zu wählen und mit einem herkömmlichen Riester-Sparvertrag vorzusorgen. Ist ein 200.000-Euro-Riester-Kredit auch nur 0,3 Prozentpunkte teurer als das nicht geförderte Konkurrenzangebot, können im Verlauf von zehn Jahren die zusätzlichen Zinskosten in Höhe von knapp 6.700 Euro den Fördervorteil je nach individueller Konstellation teilweise oder sogar ganz auffressen.

Gleiches gilt auch für die Bauspar-Sofortfinanzierung. Hier haben Sie das Problem, dass der reine Vergleich der Kreditzinsen ein verfälschtes Ergebnis bringt, weil Sie über mehrere Jahre hinweg Zinsen für einen tilgungsfreien Kredit zahlen und parallel dazu einen Bausparvertrag mit weitaus niedrigeren Guthabenzinsen ansparen. Daher ist es wichtig, dass Sie sich bei solchen Modellen den sogenannten Gesamteffektivzins ausweisen lassen. Wichtiger Unterschied zum reinen Effektivzins: Bei der Berechnung des Gesamteffektivzinses muss der Zinsnachteil berücksichtigt werden, den Sie durch die gleichzeitige Zinszahlung für die Zwischenfinanzierung und die niedrige Guthabenverzinsung auf dem Bausparvertrag hinnehmen müssen.

## Zinsverbilligte Kredite von der KfW

Über die bundeseigene Kreditanstalt für Wiederaufbau (KfW) bietet der Bund eine breite Palette an Krediten für Häuslebauer an. Je nach Kreditprogramm sind die Zinsen in unterschiedlichem Umfang subventioniert, sodass bei günstiger Konstellation die monatliche Belastung im Vergleich zu einer herkömmlichen Finanzierung deutlich reduziert werden kann. Derzeit bietet die KfW die folgenden Förderprogramme für Bauherren und Immobilienkäuferinnen an:

- **Wohneigentumsprogramm.** Dieses Programm verkörpert den klassischen KfW-Kredit für Bauherrinnen und Immobilienkäufer. In Anspruch genommen werden kann dieses Darlehen von allen Privatpersonen – unabhängig von Alter, Familienstand und Einkommen. Voraussetzung ist, dass damit der Bau oder Erwerb eines selbst genutzten Eigenheims finanziert wird. Die Konditionen sind mit denen von günstigen Banken und Sparkassen vergleichbar, daher sollte von diesem Kredit keine allzu große finanzielle Entlastung erwartet werden. Einen Vorteil bietet die KfW jedoch: Die Absicherung des Darlehens ist ohne Zinsaufschlag mit einer zweitrangigen Grundschuld möglich.
- **Klimafreundlicher Neubau.** Wer ein besonders klimafreundliches Eigenheim baut oder als Neubau erwirbt, kann einen zinsverbilligten Kredit aus dem KfW-Programm „Klimafreundlicher Neubau“ in Anspruch nehmen.
- **Wohneigentum für Familien.** Für Familien und Alleinerziehende mit Kindern gibt es dieses Förderprogramm, wenn eine neue selbst genutzte Immobilie gebaut oder gekauft wird, die besonders klimafreundlich ist.

**→ TIPP**

**Die hier beschriebenen Förderprogramme beziehen sich auf den Kauf oder Bau eines Eigenheims. Weitere Fördermittel stehen für die Sanierung bereits erworbener Immobilien zur Verfügung. Diese finden Sie im Kapitel „Sanierung planen und finanzieren“ ab → Seite 129.**

Da sich die Förderprogramme der KfW kurzfristig ändern können, empfiehlt es sich, den aktuellen Stand auf der Internetseite der Bank unter www.kfw.de abzufragen. Abgeschlossen werden die Förderkredite nicht direkt bei der KfW, sondern bei der jeweiligen Hausbank, die die Gesamtfinanzierung erstellt.

## Regionale und kommunale Fördermittel

Ergänzend oder als Alternative zu den KfW-Förderkrediten können beim Immobilienkauf auch Förderungen von Ländern und Kommunen zum Einsatz kommen.

Bei der Förderung durch die Länder handelt es sich zumeist um zinsverbilligte Darlehen, die in erster Linie für Familien gedacht sind, deren Haushaltseinkommen bestimmte Grenzen nicht überschreitet. Die Einkommensgrenzen variieren von Bundesland zu Bundesland und sind meist auch von der Anzahl der im Haushalt lebenden Kinder abhängig.

**Die Landesförderbanken im Überblick**

| BUNDESLAND | FÖRDERBANK | INTERNETADRESSE |
|---|---|---|
| Baden-Württemberg | L-Bank, Staatsbank für Baden-Württemberg | www.l-bank.de |
| Bayern | Bayerische Landesbodenkreditanstalt | www.bayernlabo.de |
| Berlin | Investitionsbank Berlin | www.ibb.de |
| Brandenburg | Investitionsbank des Landes Brandenburg | www.ilb.de |
| Bremen | Bremer Aufbau-Bank GmbH | www.bab-bremen.de |
| Hamburg | Hamburgische Investitions- und Förderbank | www.ifbhh.de |
| Hessen | Wirtschafts- und Infrastrukturbank Hessen | www.wibank.de |
| Mecklenburg-Vorpommern | Landesförderinstitut Mecklenburg-Vorpommern – Geschäftsbereich der NORD/LB | www.lfi-mv.de |
| Niedersachsen | Investitions- und Förderbank Niedersachsen – NBank | www.nbank.de |
| Nordrhein-Westfalen | NRW.BANK | www.nrwbank.de |
| Rheinland-Pfalz | Investitions- und Strukturbank (ISB) | www.isb.rlp.de |
| Saarland | SIKB Saarländische Investitionskreditbank AG | www.sikb.de |
| Sachsen | Sächsische Aufbaubank – Förderbank | www.sab.sachsen.de |
| Sachsen-Anhalt | Investitionsbank Sachsen-Anhalt | www.ib-sachsen-anhalt.de |
| Schleswig-Holstein | Investitionsbank Schleswig-Holstein (IB.SH) | www.ib-sh.de |
| Thüringen | Thüringer Aufbaubank | www.aufbaubank.de |

Ähnlich wie bei der KfW vergeben auch die Landesförderbanken die Darlehen nicht selbst, sondern über die Hausbank des Finanzierungskunden. Um Ihre Bank gezielt auf mögliche Landesfördermittel anzusprechen, sollten Sie auf der Internetseite der für Sie zuständigen Förderbank recherchieren, ob im Bereich Bauen und Wohnen Fördermittel angeboten werden und möglicherweise für Ihre Konstellation infrage kommen.

In Einzelfällen kann es beim Hausbau oder Immobilienkauf auch Unterstützung durch die Kommune geben. Sofern vorhanden, besteht die kommunale Förderung häufig aus einem Zuschuss zu den Bau- oder Kaufkosten, oft in Form eines Preisnachlasses beim Erwerb eines kommunalen Baugrundstücks durch Familien mit Kindern. Informationen über ein mögliches kommunales Förderprogramm erhalten Sie bei der zuständigen Stadt- oder Gemeindeverwaltung.

# Bauen oder kaufen, Wohnung oder Haus?

**Unterschiedliche Wege können in die eigenen vier Wände führen. Ob es am Ende eine Eigentumswohnung oder ein Haus, ein Neubauprojekt oder der Kauf einer gebrauchten Immobilie wird, hängt nicht nur von den finanziellen Möglichkeiten ab. Auch die persönlichen Lebensumstände und Vorlieben spielen eine nicht zu unterschätzende Rolle.**

Wer nicht genau weiß, was er oder sie will, kann dies in vielen Lebensbereichen durch Herumprobieren nach dem Motto „Versuch und Irrtum" herausfinden. Das mag in so mancher Geschmacks- oder Modefrage ganz passabel funktionieren – aber wenn es um den Immobilienkauf geht, wäre diese Herangehensweise fatal.

Hier haben Sie nur in sehr eingeschränktem Maß die Möglichkeit, Fehlentscheidungen hinterher wieder zu korrigieren. So mancher Bauherr musste schon bittere Lektionen lernen, weil seine Vorstellungen und die Realität in keiner Weise zusammengepasst haben. Dann wurde der rustikale Altbau zur ewigen Baustelle, die Dachgeschosswohnung zur beengten Behausung mit täglichem Treppenmarathon oder der in Eigenregie organisierte Neubau finanziell zum Fass ohne Boden.

Das muss nicht sein. Die wirksamste Methode, ein Fiasko von vornherein zu verhindern, besteht darin, sich frühzeitig Gedanken über die eigenen Wünsche und Vorlieben zu machen. Dabei kann es Ihnen allerdings passieren, dass Ihre Vorstellungen nicht mit der Realität zu vereinbaren sind – zum Beispiel dann, wenn der Traum vom frei stehenden Neubauhaus schlichtweg nicht finanzierbar ist. In solchen Fällen müssen Sie mit Ihrer Gedankenarbeit in die zweite Runde gehen und einen Kompromiss finden, mit dem Sie leben können und mit dessen Realisierung Sie sich finanziell nicht ruinieren.

## Bedürfnisse und Möglichkeiten klären

Vorstellungen und Wünsche haben die Eigenschaft, allzu oft diffus und nicht so leicht in Worte zu fassen zu sein. Am einfachsten bekommen Sie eine Struktur in Ihre Planung, wenn Sie versuchen, für sich die folgenden Fragen ehrlich und konkret zu beantworten.

### Die Geldfrage

Bauen oder kaufen, Wohnung oder Haus – diese Entscheidung wird ganz maßgeblich von Ihrem Geldbeutel beeinflusst. Am besten zu finanzieren ist eine gebrauchte Wohnung, die Neubauwohnung kommt bereits deutlich teurer. Auf der nächsten Preisebene folgen Reihenhäuser, dann kommen Reiheneckhäuser und Doppelhaushälften. Die Krönung, auch in finanzieller Hinsicht, stellt das frei stehende Einfamilienhaus mit Garten dar. Stöbern Sie einfach mal in den Anzeigen der Online-Immobilienportale, notieren Sie sich die Preise und gleichen Sie die unterschiedlichen Immobilientypen mit Ihrem finanziellen Rahmen ab. Oder gehen Sie umgekehrt vor, indem Sie ausgehend von Ihren Finanzierungsmöglichkeiten – am besten ohne weitere Vorauswahl – einmal alle Immobilien markieren, die überhaupt für Sie finanzierbar sind.

### Die Platzfrage

Je mehr Platz Sie benötigen – nicht nur für Ihre Familie, sondern eventuell auch für einen Homeoffice-Arbeitsplatz oder andere Arbeitszimmer –, desto eher kommt ein Haus für Sie infrage. Wohnungen sind bis zu einer Größe von etwa 100 Quadratmetern am Markt gängig. Wenn Sie damit gut auskommen, werden Sie sich in einer großzügig geschnittenen Wohnung kaum beengt fühlen. Liegt Ihr Platzbedarf jedoch von vornherein deutlich darüber, kann meist nur ein Haus Ihre Bedürfnisse befriedigen. Allerdings müssen Sie dabei ganz nüchtern und realistisch klären, ob Sie die damit verbundene hohe finanzielle Belastung auch tragen können.

### Die Familienfrage

Diese Frage stellt sich vor allem dann für Sie, wenn Sie noch am Beginn Ihrer Lebens- und Familienplanung stehen. Wenn Sie bereits im fortgeschrittenen Alter sind und Ihre Kinder flügge werden, weist Ihr Raumbedarf eine eher sinkende Tendenz auf – statt zwei oder drei Kinderzimmern genügt dann schon in naher Zukunft ein Gästezimmer.

Umgekehrt ist die Situation hingegen bei jungen Paaren und Familien. Der Raumbedarf steigt nicht nur mit der Anzahl der Kinder. Auch wenn die Kinder älter werden, brauchen sie im Lauf der Zeit immer mehr Platz. Während ein kleines 8-Quadratmeter-Zimmer für ein Kleinkind noch völlig ausreicht, wird es dem Bedarf eines etwas älteren Kindes oder Jugendlichen möglicherweise nicht mehr gerecht. Hier spielt eine Vielzahl von Faktoren eine Rolle – so etwa auch die Frage, welche Konsumhaltung Sie in Ihrer Erziehung vermitteln wollen oder was Sie Ihren Kindern künftig bieten möchten. Für diese Fragen gibt es keine Standardlösung. Gleichwohl tun Sie gut daran, solche Überlegungen in Ihr Kalkül mit einzubeziehen.

## Die Stadt-oder-Land-Frage

Auch hier geht es darum, ob für Sie eher eine Wohnung oder ein Haus infrage kommt. Wenn Sie als Stadtmensch auf die vielfältigen Angebote einer Großstadt nicht verzichten und möglichst zentrumsnah wohnen wollen, dürfte ein Haus für Sie nur in Ausnahmefällen erschwinglich sein. Als Landmensch entscheiden Sie sich dagegen bewusst für das Leben außerhalb des urbanen Trubels, möglicherweise sogar in der „tiefsten Provinz".

Hier sind die Grundstückspreise meist recht günstig, und ein Haus ist besser finanzierbar als im Ballungsraum einer Großstadt. Dafür wird mit dem Leben auf dem Land die Sicherung der eigenen Mobilität problematischer und wahrscheinlich auch teurer. Die Entscheidung für das Stadt- oder Landleben wird jedoch oft nicht ganz freiwillig getroffen – denn die Nähe zum Arbeitsplatz ist hier ein wichtiger Entscheidungsfaktor. Wenn Sie auf einen Arbeitsplatz in der Stadt angewiesen sind, bleiben Ihnen als Alternativen nur die Entscheidung für eine stadtnahe Wohnung oder das zeitraubende und kostenintensive Pendeln. Oft gibt es allerdings auch Kompromisslösungen – so etwa ein Reihenhaus mit guter Verkehrsanbindung am Rande des Ballungsgebiets.

## Die Frage des Wohnumfelds

Die Erfahrung hat immer wieder gezeigt, dass sich Menschen oft dort am wohlsten fühlen, wo sie ein vertrautes Umfeld und ähnliche Interessen vorfinden. So kann es für Familien mit kleinen Kindern möglicherweise problematisch werden, wenn sie in eine Wohngegend ziehen, in der nur wenige Kinder wohnen und man sehr auf Ruhe bedacht ist. Umgekehrt wird es für Ruhe suchende ältere Menschen oft schnell zur Belastung, wenn sich direkt neben dem Haus ein gut frequentierter Spielplatz befindet und die Straße jeden Nachmittag zum improvisierten Fußballplatz umfunktioniert wird. Erkundigen Sie sich daher auch nach dem Wohnumfeld und den dortigen Gepflogenheiten.

## Die Gartenfrage

Nicht nur das Innere des Eigenheims, sondern auch die Umgebung spielt für viele Menschen eine wichtige Rolle. Vor allem Familien legen oft Wert darauf, dass auch im Garten genügend Platz für die Kinder vorhanden ist. Gerade in belebten Wohnvierteln mit wenig öffentlichen Spielplätzen oder Parks kann der eigene Garten eine Oase der Ruhe und Erholung sein. Andere finden einen wichtigen Ausgleich zum täglichen Arbeitsstress darin, im Garten mit viel Hingabe Blumen oder Gemüse zu ziehen.

Andererseits kann auch die genau entgegengesetzte Ansicht für eine Entscheidung ausschlaggebend sein. Wem Unkrautjäten, Rasenmähen oder andere Gartenarbeiten ein Gräuel sind, der wird im Landhaus mit großem Garten wohl kaum glücklich. Auch hier gibt es Zwischenlösungen wie das Reihenhaus mit kleinem, aber feinem Gärtchen oder die Erdgeschosswohnung mit großzügigem Gartenanteil. Für manche Wohnungseigentümer bietet auch ein Schrebergarten oder ein Gartengrundstück am Stadtrand die Möglichkeit, abseits von der eigenen Wohnung ein Stück Natur zu hegen. Die gemeinsame Bewirtschaftung von einzelnen benachbarten Gartenstücken kann bei guter Nachbarschaftspflege eine weitere Möglichkeit sein.

## Die Haustierfrage

In manchen Wohnungen ist es nicht möglich, größere Haustiere zu halten. Nicht nur Mieter, sondern auch Wohnungseigentümerinnen müssen sich an die Vereinbarungen der Eigentümergemeinschaft halten. Wenn in der Teilungserklärung festgelegt ist, dass beispielsweise die Haltung von Hunden in den Wohnungen nicht erlaubt ist, kann der einzelne Eigentümer wenig dagegen ausrichten. Die Haltung von kleinen Haustieren wie Vögeln, Hamstern oder Zwerghasen ist in der Eigentumswohnung meist unproblematisch. Geht es jedoch um Hunde, kann es für deren Besitzer und Besitzerinnen schnell schwierig werden. Als Alternative zum Haus bleiben dann nur Wohnungen, in denen es keine Einschränkungen zur Haustierhaltung gibt.

## Die Selbstbestimmungsfrage

Nicht nur bei der Haltung von Haustieren, sondern auch in anderen Angelegenheiten müssen sich Besitzer und Besitzerinnen von Eigentumswohnungen an die von der Eigentümergemeinschaft aufgestellten Regeln halten. Während Sie bei der Gestaltung der Innenräume Ihren persönlichen Geschmack ohne Einschränkungen verwirklichen können, dürfen Sie bei den von außen sichtbaren Bestandteilen Ihrer Wohnung nicht nach Belieben schalten und walten. Ob Gestaltung des Balkongeländers, Farbe der Fensterrahmen oder Wohnungseingangstür: Sie müssen sich an den Rahmen halten, den die Eigentümergemeinschaft vorgibt. Auch bei Außenanlagen, Gemeinschaftsräumen oder bei der Fassade muss stets der Konsens aller Miteigentümer gefunden werden.

Daher kann eine Eigentumswohnung vor allem für ausgeprägte Individualistinnen und Individualisten Probleme oder gar Ärger mit sich bringen. Mehr Spielraum als in großen Wohnblocks gibt es in der Regel bei Mehrfamilienhäusern mit nur wenigen Wohneinheiten, wo sich so mancher Kompromiss auf dem „kleinen Dienstweg" erzielen lässt.

## Die Frage nach dem laufenden Aufwand

Wie viel Zeit und Energie wollen Sie in Ihr Eigenheim investieren – nicht nur bei Bau oder Modernisierung, sondern auch beim laufenden Unterhalt? Der eine schätzt den Hausmeisterservice und die Tatsache, dass größere Renovierungsarbeiten bei Mehrfamilienhäusern von der Hausverwaltung organisiert werden. Im Gegenzug ist er bereit, für diese Leistungen einen angemessenen Preis in Form der Verwaltungsgebühr zu bezahlen. Die andere nimmt die Dinge selbst in die Hand und hält die Bausubstanz ihres Hauses in Eigenregie in Ordnung. Dann gibt es begabte und begeisterte Heimwerker, die nichts lieber tun, als an den Wochenenden an ihrem Altbau herumzubasteln.

Klar ist: Ein Haus erfordert bei kontinuierlicher Pflege der Bausubstanz einen deutlich höheren Aufwand als eine Eigentumswohnung. Auch zwischen Neu- und Altbau bestehen große Unterschiede: Wenn Sie neu bauen, können Sie davon ausgehen, dass die nächsten zehn Jahre nicht viel Arbeit zu erwarten ist. Beim Kauf eines älteren Hauses können hingegen schon nach wenigen Jahren größere Renovierungsarbeiten wie Austausch der Fenster, Streichen der Fassade oder Erneuerung der Heizung anfallen. Das kostet Zeit und Geld – deshalb berücksichtigen Sie diesen Folgeaufwand beim Kauf eines Altbaus mit.

## Die Altersfrage

Der Kauf oder Bau eines Eigenheims ist eine langfristige Investition. Deshalb tun Sie gut daran, zu überlegen, wie Ihr Leben in 10 oder 20 Jahren aussehen soll. Dabei müssen Sie noch gar nicht an Gebrechlichkeit oder Pflegebedürftigkeit denken. Tatsache ist aber, dass es Dinge gibt, die Menschen ab einem gewissen Alter Mühe machen können. Für den einen ist die Wohnung im dritten Stock im Alter von 70 Jahren eine eher sportliche Herausforderung, die andere hat in diesem Alter vielleicht Probleme mit den Knien und damit auch mit dem Treppensteigen. Ein großer Garten oder das Wohnen auf zwei oder drei Stockwerken kann im Lauf der Zeit zu einem Belastungsfaktor werden. Auch die Familie spielt hier eine Rolle: Möchten Sie in der Wohnung als Paar weiter wohnen, wenn die Kinder aus dem Haus sind? Oder möchten Sie Ihre nicht mehr selbstständig wohnenden Eltern zu sich nehmen?

## Die Frage des handwerklichen Geschicks

Wenn es um die handwerklichen und organisatorischen Talente geht, können die Anforderungen sehr unterschiedlich ausfallen, je nachdem, ob Sie einen Neu- oder Altbau erwerben.

Beginnen wir beim Neubau: Hier stehen Ihnen alle Möglichkeiten offen – vom schlüsselfertig übergebenen Eigenheim bis zum fast ausschließlich in Eigenleistung gebauten Haus. Welche Anforderungen im konkreten Einzelfall auf Sie zukommen können, erfahren Sie in den nachfolgenden Kapiteln. Doch sollten Sie sich von vornherein darüber im Klaren sein, wie viel Eigenleistung – in handwerklicher und in organisatorischer Hinsicht – Sie einbringen können. Eigenleistungen in größerem Umfang oder die Organisation der Handwerkerleistungen beim Hausbau in Eigenregie sollten Sie sich nur zumuten, wenn Sie sicher sind, dass Sie dem Ganzen auch gewachsen sind. Die Belastung für die Familie kann gravierend sein, wenn Sie die Wochenenden über lange Zeit auf der Baustelle verbringen müssen.

Beim Altbau kommt es entscheidend auf den Zustand der Bausubstanz an. Ein 30 Jahre altes Haus, das ständig instand gehalten und erst vor Kurzem mit neuen Fenstern ausgestattet wurde, bedeutet bei der Renovierung vergleichsweise wenig Aufwand. Meist ist es mit neuen Tapeten und Bodenbelägen getan, und schon können Sie einziehen. Wenn Sie jedoch ein altes Haus von Grund auf sanieren müssen, ist der zeitliche, körperliche und finanzielle Aufwand enorm. Im Vergleich zum schlüsselfertigen Neubau ist diese Lösung oft nur deshalb billiger, weil ein ganzes Heer unentgeltlich arbeitender Helferinnen und Helfer den Bauherrn oder die Bauherrin tatkräftig unterstützt. Würden Sie einen Altbau schlüsselfertig von einem Handwerkerteam renovieren lassen, würden die Kosten für Kauf und Sanierung wahrscheinlich nicht niedriger liegen als für einen Neubau!

## So konkretisieren Sie Ihre Entscheidung

Die zuvor genannten Fragen mitsamt ihren Anregungen sollen Ihnen dabei helfen, Ihre Vorstellungen beim Immobilienerwerb zu konkretisieren. Machen Sie sich über die unterschiedlichen Aspekte in einer stillen Stunde Gedanken. Oft hilft es auch, das Ergebnis zu Papier zu bringen. Lassen Sie Ihre Notizen dann ein paar Tage liegen und nehmen Sie sie dann wieder zur Hand, um zu prüfen, ob das alles für Sie so noch stimmt.

CHECKLISTE

### Welcher Eigenheimtyp sind Sie?

Zumindest in groben Zügen kann Ihnen die nachfolgende Fragenliste helfen, herauszufinden, ob Sie eher der Typ für selbst bauen, schlüsselfertig kaufen, für eine Wohnung oder ein Haus sind.

- ☐ Verfügen Sie über ein hohes Einkommen und vergleichsweise viel Eigenkapital?
- ☐ Benötigen Sie deutlich mehr als 100 Quadratmeter Wohnfläche?
- ☐ Gehen Sie davon aus, dass Ihre Familie künftig eher mehr Wohnraum benötigt als heute?
- ☐ Legen Sie Wert darauf, möglichst nahe am Stadtzentrum zu wohnen?
- ☐ Ist ein Garten für Sie wichtig?
- ☐ Haben Sie ein größeres Haustier?
- ☐ Ist es für Sie sehr wichtig, an Ihrem Eigenheim möglichst viel individuell gestalten zu können?
- ☐ Sind Sie bereit, auch nach Abschluss eventueller Renovierungen laufend Arbeit in Ihr Eigenheim zu stecken?
- ☐ Sind Sie älter als 50 Jahre?
- ☐ Haben Sie handwerkliches Geschick und einige verlässliche Helfer, um auch in größerem Umfang am Bau selbst mit anzupacken?

# Bauen in Eigenregie

**Ein individuell geplantes Haus ist für viele die Idealvorstellung beim Weg in die eigenen vier Wände. Doch die Anforderungen sind hoch – nicht nur weil es sich hier um die teuerste Variante des Eigenheims handelt. Auch den Aufwand für Planung und Baubegleitung sollten Sie nicht unterschätzen.**

Der Neubau eines Hauses, das von der Architektin nach den individuellen Vorstellungen des Bauherrn geplant wird, ist ein komplexes Projekt. Von der Planung bis zum Einzug können so manche Probleme von Handwerkermängeln über Terminverzug bis hin zu Überschreitungen des Kostenplans auftreten. Ganz sicher soll an dieser Stelle keine Schwarzmalerei betrieben werden, und die Bauherren und Bauherrinnen, denen der Bau den letzten Nerv geraubt hat, sind glücklicherweise in der Minderheit. Auf der anderen Seite sollten Sie sich auch nicht die Illusion machen, dass nach der Lektüre dieses Kapitels Ihr Bauvorhaben in perfekter Weise vonstattengeht.

Viele Probleme am Bau können jedoch von vornherein vermieden werden, wenn Sie die richtige Auswahl treffen und von Anfang an klare Vereinbarungen schriftlich festhalten. Von den restlichen Problemen wiederum lässt sich der größte Teil mit der passenden Mischung aus Durchsetzungsvermögen und gutem Willen lösen.

Als Bauherr oder Bauherrin sollten Sie jederzeit Herr oder Herrin der Lage sein – das beginnt bei der Auswahl des Grundstücks und endet erst mit der Bauabnahme. Suchen Sie sich fachliche Unterstützung, sobald Sie sich unsicher fühlen. Gehen Sie mit jedem Schritt planvoll vor, und lassen Sie während der Bauphase genügend Zeitreserven für Kalkulation, Organisation und Kontrolle. Dieser zusätzliche Einsatz zahlt sich hinterher in Form von vermiedenem Ärger vielfach wieder aus.

## Die Wahl des richtigen Grundstücks

Wenn Sie nicht von einem Bauträger ein schlüsselfertiges Haus mitsamt Grundstück erwerben, beginnt für Sie das „Abenteuer Bauen“ mit der Auswahl des Grundstücks. Dieser Schritt ist von entscheidender Bedeutung: Während Sie am Haus noch das eine oder andere Detail verändern können, stehen Größe, Lage und Zuschnitt des Grundstücks unwiderruflich fest. Treffen Sie daher Ihre Auswahl mit Sorgfalt und Bedacht.

Zunächst einmal geht es darum, sich einen Überblick über den Grundstücksmarkt zu verschaffen. Das können Sie auf vielfältige Weise tun:

→ Erkundigen Sie sich bei den Stadtverwaltungen der infrage kommenden Gemeinden nach aktuellen Erschließungsvorhaben für neue Baugebiete.
→ Informieren Sie sich auf Online-Immobilienportalen über das regionale Grundstücksangebot.
→ Investieren Sie ein paar Sonntagsspaziergänge, um in Neubaugebieten nach Baulücken Ausschau zu halten.

Im Rahmen dieser ersten Recherche können Sie auch die marktüblichen Grundstückspreise – am sinnvollsten als Preis pro Quadratmeter – ermitteln. Allerdings sollten Sie dabei bedenken, dass nicht immer der im Angebot genannte Preis hinterher auch tatsächlich gezahlt wird. Vor allem dann, wenn die Nachfrage gering ist, haben Sie oft Verhandlungsspielraum nach unten. Aktuelle und zurückliegende Bodenrichtwerte lassen sich im Internet recherchieren. Für NRW zum Beispiel stehen sie hier zur Verfügung: www.boris-nrw.de

Wenn Sie sich nach den ortsüblichen Quadratmeterpreisen für erschlossene Grundstücke erkundigen wollen, sind Bauämter und Gemeindeverwaltungen gute Anlaufstellen. Zwar bekommen Sie auch von Banken und Maklern Preise genannt, doch diese sind daran interessiert, mit der Grundstücksvermittlung ein gutes Geschäft zu machen, und nennen daher oft die eher am oberen Rand der Preisspanne liegenden Beträge.

### Lage und Zuschnitt

Das schönste Haus macht Ihnen nur wenig Freude, wenn die Lage nicht stimmt. Damit wird die Standortfrage beim Grundstückskauf zu einem wesentlichen Kriterium. Versuchen Sie deshalb stets, das Grundstück mit den Augen eines späteren Bewohners zu betrachten.

„Mehr Licht“ soll der Dichter Johann Wolfgang von Goethe kurz vor seinem Dahinscheiden gesagt haben. Dieser kurze Satz eignet sich gut als Motto bei der Grundstücksauswahl, denn das Wohnen an einem lichtarmen Standort kann schnell zu einem

ernsthaften Belastungsfaktor werden. Besonders beliebt sind Grundstücke, deren Gartenseite nach Süden ausgerichtet ist. Eher neutral sind nach Osten oder Westen orientierte Lagen – hier kommt es darauf an, ob Sie eher ein Frühaufsteher sind oder lieber lange Sommerabende genießen, ob ein Familienmitglied auch tagsüber zu Hause ist und ähnliche Überlegungen. Alle Bedürfnisse der Familie nach Besonnung sollten besprochen werden. Auch ein nach Osten orientierter Vorgarten kann Platz für eine besonnte Frühstücksecke bieten. Meiden sollten Sie hingegen Nordhanglagen.

Auch mögliche Beeinträchtigungen durch Feuchtigkeit sollten Sie prüfen. Oft wird Bauland bis an den Rand sumpfiger Gebiete ausgewiesen, und ein hoher Grundwasserstand kann beim Bauen Ärger und Mehrkosten verursachen. Dazu kommt, dass in feuchten Lagen die sommerliche Mückenplage besonders lästig werden kann. In Bach- oder Flusstälern kommt außerdem die Gefahr einer Überschwemmung hinzu. Angesichts immer mehr versiegelter Bodenoberflächen, enger Flussbetten und wahrscheinlicher werdender Wetterkapriolen sollten Sie Ihr Eigenheim nicht solchen Risiken aussetzen. Auch Grundstücke auf ehemaligen Deponien oder Fabrikanlagen können aufgrund toxischer Bodenbelastung zum Problem werden.

Beim Zuschnitt des Grundstücks kommt es darauf an, dass beim Bauen möglichst wenig Platz verloren geht und eine optimale Grundstücksnutzung gewährleistet ist. Eher nachteilig sind schlauchförmige oder verwinkelte Grundstücke, die lange Wege, aber wenig nutzbare Fläche bieten. Wenn beispielsweise eine lange Zufahrt zum Haus erforderlich ist, geht ein Teil der Fläche praktisch ungenutzt verloren. Problematisch können Grundstücke in starker Hanglage werden. Hier können zusätzliche Stützmauern erforderlich sein, die den Bau verteuern. Aussagen zu der Bebaubarkeit eines Grundstücks werden in den Bebauungsplänen gemacht. Sie können diese Pläne bei den städtischen Bauämtern einsehen.

→ **TIPP**

**Klären Sie frühzeitig, ob für das Grundstück Wege- oder Leitungsrechte eingetragen sind oder ob Baulasten vorliegen, welche Baulinien (→ Seite 82) existieren oder ob große Bäume für eine eventuelle Ersatzpflanzung im Fall des Fällens vorgeschrieben sind. Wege- und Leitungsrechte sind im Grundbuch eingetragen, während öffentliche Baulasten bei der Kommunal- oder Kreisverwaltung im Baulastenverzeichnis eingesehen werden können.**

## Umgebung und Infrastruktur

Zunächst einmal gilt es, den Ist-Zustand der näheren Umgebung zu erkunden. Dazu gehört die Prüfung der Kriterien, die später Ihre Wohn- und Lebensqualität ausmachen. So sollte sich das Grundstück idealerweise in einer ruhigen, aber nicht abgelegenen Gegend befinden. Befinden sich Kindergarten oder Schule in unmittelbarer Nachbarschaft, müssen Sie abwägen, ob der praktische Aspekt der Nähe oder die möglicherweise belastende Geräuschkulisse durch spielende und lärmende Kinder für Sie höheren Stellenwert hat.

Befinden sich gewerbliche Betriebe oder größere landwirtschaftliche Anwesen in der Nähe, sollten Sie ebenfalls Vorsicht walten lassen. Je nach Art der Betriebe können Lärm- oder Geruchsbelästigungen entstehen. Dazu kommt die Verkehrsbelastung durch Arbeitnehmende, Lieferanten oder Kunden.

Ein wichtiger Aspekt sind in der Nähe befindliche Durchgangsstraßen oder Eisenbahnlinien. Vor allem, wenn die Straße etwas höher liegt als das Grundstück und üblicherweise der Wind von der Straße in Richtung Grundstück bläst, kann die Geruchs- und Gesundheitsbelastung erheblich sein. Dazu kommt noch der Straßenlärm, besonders wenn die Strecke häufig von Lastwagen befahren wird. Eine ärgerliche Dauerbelastung kann auch eine Kreuzung oder Bushaltestelle nahe am Grundstück sein. Denn: Beim Herunterbremsen und Anfahren werden viel Lärm und Abgase erzeugt.

Auch eine vermeintlich idyllische Ortsrandlage kann sich in dieser Hinsicht schnell als zweit- oder drittklassige Lage entpuppen. Wenn in der näheren Umgebung intensive Landwirtschaft betrieben wird – insbesondere Viehzucht in groß angelegter

Stallhaltung –, sind lästige Gerüche praktisch vorprogrammiert.

Allerdings kommt es nicht nur darauf an, wie sich die Situation heute darstellt. Unterschiedliche Entwicklungen können innerhalb weniger Jahre die Standortqualität eines Grundstücks positiv oder negativ beeinflussen. Wenn Sie eine Baulücke mitten in einem bereits bestehenden Baugebiet ins Auge gefasst haben, ist die Wahrscheinlichkeit großer Veränderungen eher gering.

Randlagen können hingegen oft schon nach wenigen Jahren dieses Prädikat nicht mehr führen. Vor allem diejenigen, die großen Wert auf die angepriesene „unverbaubare Aussicht“ legen, sollten bei der Grundstückswahl vorsichtig und vorausschauend sein. Wenn im Anschluss an ein Baugebiet mit eingeschossigen Einfamilienhäusern nach wenigen Jahren mehrgeschossige Wohnblocks gebaut werden, kann die neue Nachbarschaft schnell Einbußen hinsichtlich Licht, Aussicht und Ruhe bringen. Noch gravierender können die Folgen sein, wenn die einstige Randlage plötzlich an ein neues Gewerbegebiet grenzt oder wenn dort Vereinsflächen für Klubheime oder Sportplätze ausgewiesen werden.

Auch mögliche Änderungen in der Verkehrsführung sollten berücksichtigt werden. Im günstigen Fall kann es vorkommen, dass durch den Bau einer Umgehungsstraße ein Grundstück an der bisher belebten Durchgangsstraße deutlich ruhiger wird. Doch umgekehrt besteht bei so manchem Baugebiet die Gefahr, dass nach einigen Jahren in unmittelbarer Nachbarschaft eine solche Umgehungsstraße gebaut wird.

Doch nicht nur der Autoverkehr, sondern auch der Flugverkehr hat Ihre Aufmerksamkeit verdient – zumindest, wenn sich in der Nähe ein Flugplatz oder Flughafen befindet und das Grundstück womöglich in einer Einflugschneise liegt. Auch mögliche Planungen zu einer eventuellen Flughafenerweiterung sollten Sie bei der örtlichen Baubehörde frühzeitig erfragen. Bei der Klärung solcher Fragen kann Ihnen eine detaillierte Karte der näheren Umgebung helfen, in der Sie schon einmal mögliche Knackpunkte im Überblick sehen.

**→ TIPP**

**An Informationen über geplante Bauvorhaben kommen Sie auf dem offiziellen Weg durch gezieltes Nachfragen auf den Bauämtern. Darüber hinaus lohnt sich auch das Gespräch mit Anwohnenden, die oft über Vorhaben Bescheid wissen, die sich erst im Diskussionsstadium befinden und noch nicht in den Gremien der öffentlichen Verwaltung beschlossen sind.**

Ein weiteres wichtiges Auswahlkriterium – sowohl bei Grundstücken wie auch bei Häusern und Wohnungen – ist die Infrastruktur vor Ort. Darunter versteht man alle öffentlichen und privaten Einrichtungen, die für Sie das Leben angenehm und bequem machen. Dazu zählen beispielsweise:

- Schulen und Kindergärten
- Krankenhäuser und Ärzte
- kulturelle Einrichtungen wie Theater- und Konzertsäle
- Restaurants und Kneipen
- Einkaufsmöglichkeiten
- Freizeiteinrichtungen wie Parks, Schwimmbäder oder Sportanlagen

Je nach familiärer Situation und persönlichen Interessen können die Anforderungen an die Infrastruktur sehr unterschiedlich ausfallen. Wichtig ist, dass das Angebot an Einrichtungen möglichst gut mit Ihren Bedürfnissen übereinstimmt. Hierzu einige typische Fragen, die Sie sich stellen sollten:

- Sind genügend Lebensmittelgeschäfte in der Nähe, um die täglichen Nahrungsmittel schnell und bequem kaufen zu können?
- Befindet sich ein größerer Supermarkt oder ein Einkaufszentrum in gut erreichbarer Entfernung, damit der Großeinkauf nicht zum unfreiwilligen „Wochenendausflug“ wird?
- Ist zumindest eine Arztpraxis und eine Apotheke in der Nähe, damit Sie und Ihre Familie sich im Krankheitsfall schnell versorgen können?
- Sind bei Bedarf Kindergarten und Grundschule fußläufig zu erreichen? Müssen auf dem Weg größere Verkehrsstraßen überquert werden?
- Sind Spielplätze für Kinder erreichbar?
- Sind Spaziergänge mit dem Hund schnell und unkompliziert machbar?

Auch die Verkehrsanbindung zählt zur Infrastruktur und kann vor allem für Familien von großer Bedeutung sein. Dabei sollten Sie nicht nur daran denken, wie schnell Ihr Arbeitsplatz oder die Einkaufsmöglichkeiten mit dem Auto erreichbar sind. Nicht unerheblich ist darüber hinaus, wie nahe die nächstgelegene Bus- und Stadtbahnhaltestelle oder der Bahnhof sind. Denn selbst eine Stadt mit perfekt organisiertem öffentlichem Nahverkehr kann Ihnen persönlich wenig Vorzüge bieten, wenn der Fußweg zur nächsten Haltestelle eine halbe Stunde dauert.

Bei der Qualität der Verkehrsanbindung gibt es ebenfalls gewaltige Unterschiede. So ist eine Stadtbahnverbindung im 30-Minuten-Takt natürlich bedeutend mehr wert als ein im Zwei- oder Drei-Stunden-Abstand verkehrender Bus.

Auch die Umsteigemöglichkeiten sowie die Entfernung zum Stadtzentrum sollten Sie bei der Bewertung der Verkehrsanbindung berücksichtigen. Je weniger Umsteigemöglichkeiten es gibt und je weiter es bis zum Zentrum ist, desto geringer wird die Bedeutung des öffentlichen Nahverkehrs. Diese Aspekte sollten Sie bei der Standortwahl nicht vernachlässigen – vor dem Hintergrund steigender Kosten für Autos und Kraftstoff wird die Qualität der öffentlichen Verkehrsanbindung immer wichtiger. Davon können Sie profitieren, indem Sie schon heute auf einen Standort setzen, an dem Sie mit öffentlichen Verkehrsmitteln flexibel sind.

## Die Bebaubarkeit des Grundstücks

Was würde Ihnen das schönste Grundstück nützen, wenn Sie dort Ihr Traumhaus nicht nach Ihren Vorstellungen bauen dürfen? Um böse Überraschungen zu vermeiden, müssen Sie sich vor der Kaufentscheidung beim Bauamt über die Bebaubarkeit des Grundstücks informieren.

Beim Studieren des Bebauungsplans sind insbesondere die folgenden Fakten von Bedeutung:

→ **Art der Baufläche.** Mit Kürzeln wird angegeben, welche Nutzung der Bauten erlaubt ist. „G“ steht für Gewerbegebiet, „M“ für Mischgebiet und „W“ für ein reines Wohngebiet.

→ **Geschossflächenzahl.** Diese Zahl – abgekürzt GFZ – gibt an, wie viele Quadratmeter Geschossfläche aller Vollgeschosse (ohne Keller und Dach, es sei denn, es handelt sich um Vollgeschosse) im Verhältnis zur gesamten Grundstücksfläche maximal entstehen dürfen.

→ **Baumassenzahl.** Bei dieser Zahl, auch BMZ abgekürzt, geht es um das Volumen des Gebäudes, also den Rauminhalt vom Keller bis unters Dach. Eine Baumassenzahl von 3,5 würde bedeuten, dass pro 100 Quadratmeter Grundstücksfläche 350 Kubikmeter Bauvolumen erstellt werden dürfen.

→ **Grundflächenzahl.** Bei der Zahl – abgekürzt GRZ – geht es um die bebaute Fläche. Dies ist zunächst einmal unabhängig davon, wie viele Geschosse das Haus hat. Bei einer GRZ von 0,2 dürfen somit 20 Prozent der Grundstücksfläche überbaut werden.

→ **Höhe und Anzahl der Geschosse.** Im Bebauungsplan wird auch festgelegt, wie viele Geschosse ein Gebäude haben darf. Die zulässige Anzahl der Vollgeschosse wird meist in römischen Ziffern angegeben. Bei der maximalen Höhe ist üblicherweise ein Bezugspunkt, wie beispielsweise ein bestimmter Vermessungspunkt auf der Straße, festgelegt. Benannt werden hier die

Traufhöhe – abgekürzt TH – und die Firsthöhe – abgekürzt FH.

→ **Dach.** Recht streng geht es vielerorts bei den Vorschriften zum Dach zu. Glücklicherweise gibt es nur noch wenige Baugebiete, in denen das reparaturanfällige Flachdach vorgeschrieben ist. Andererseits ist in vielen Bebauungsplänen das praktische und kostengünstige Pultdach nicht zulässig. Vorgeschrieben ist häufig ein Sattel- oder Walmdach, dessen Dachneigung innerhalb bestimmter Grenzen liegen muss. Auch die Firstrichtung ist in aller Regel verbindlich vorgegeben.

→ **Baugrenzen.** Das Haus darf meist nicht nach Belieben auf dem vorderen oder rückwärtigen Teil des Grundstücks gebaut werden. Als Bauherr oder Bauherrin müssen Sie sich an den sogenannten „Baufenstern" orientieren, deren Grenzen nicht überschritten werden dürfen. Nur in Ausnahmefällen und mit ausdrücklicher Genehmigung des Bauamts dürfen die Grenzen geringfügig erweitert werden.

→ **Baulinien.** Auf diesen Linien muss das Gebäude gebaut werden, damit es mit den benachbarten Gebäuden gleich ausgerichtet ist.

BEISPIEL

### Geschossfläche

Die Geschossfläche errechnet sich bei einer Geschossflächenzahl von beispielsweise von 0,4 und einer Grundstücksgröße von 500 Quadratmetern wie folgt:
500 x 0,4 = 200
Die maximal zulässige Geschossfläche beträgt also 200 Quadratmeter.

## Was Sie über die öffentliche Erschließung wissen sollten

Jedes Grundstück muss für die Bebauung öffentlich erschlossen werden. Das bedeutet: Die Zufahrt über das öffentliche Straßennetz muss gewährleistet sein, ebenso die Versorgung mit Strom, Wasser und Telefon sowie die Entsorgung des Abwassers. Wenn eine Stadt oder Gemeinde ein neues Baugebiet erschließt, muss sie diese Arbeiten in Auftrag geben. Das ist teuer – aber nicht unbedingt für die Kommunalverwaltung, sondern in erster Linie für die Grundstückseigentümer. Die dafür anfallenden Kosten werden nämlich auf die Eigentümer oder Eigentümerinnen der jeweiligen Grundstücke umgelegt.

Je nach Lage und Größe des zu erschließenden Baugebiets können die Kosten unterschiedlich hoch ausfallen. Ganz grob können Sie jedoch davon ausgehen, dass bei einem voll erschlossenen Baugrundstück vom Vorbesitzer etwa die Hälfte des Verkaufspreises in die Erschließung investiert worden ist.

Nicht nur in bautechnischer Hinsicht, sondern auch bei der Abrechnung kann sich dieser Prozess über einen längeren Zeitraum hinziehen. Wenn Sie ein Grundstück im unerschlossenen Zustand erwerben, sollten Sie unbedingt klären, bis zu welchem Zeitpunkt die Arbeiten abgeschlossen sein sollen. Beim Kauf während der Erschließungsphase oder am Ende der Erschließung sollten Sie prüfen, welche Arbeiten noch durchzuführen sind oder noch zur Abrechnung anstehen. Hier sind die öffentliche und die private Erschließung zu unterscheiden. Die öffentliche Erschließung wird bis zur Grundstücksgrenze geführt. Auf diese Arbeiten haben Sie keinen Einfluss. Die private Erschließung erfolgt von der Grundstücksgrenze in das Gebäude; dafür sind Sie verantwortlich.

**→ TIPP**

**Auf der sicheren Seite sind Sie, wenn Sie das Grundstück im voll erschlossenen Zustand erwerben und der Verkäufer sich verpflichtet, alle eventuell noch ausstehenden Abrechnungen für Erschließungsmaßnahmen zu begleichen. Dies muss jedoch unmissverständlich im notariellen Kaufvertrag festgelegt werden.**

## Das Erbbaurecht als Alternative zum Grundstückskauf

Vor allem in Ballungsgebieten sind Grundstücke teuer und für Durchschnittsverdienende kaum finanzierbar. Doch in vielen Städten und Gemeinden gibt es in Form des Erbbaurechts – auch Erbpacht genannt – eine Alternative zum Grundstückskauf: Vor allem Kommunen und Kirchen räumen Bauherrinnen und Bauherren das Recht ein, auf ihren Grundstücken zu bauen und diese für einen festgelegten Zeitraum – in der Regel 40 bis 99 Jahre – zu nutzen. Anstatt das Grundstück zu kaufen, bezahlt der Bauherr oder die Bauherrin den Erbbauzins, der je nach Anbieter und Region pro Jahr meist 2 bis 5 Prozent des Grundstückswerts beträgt. Damit kann bei der Finanzierung die monatliche Belastung deutlich gesenkt werden. Zusätzliche Vergünstigungen bieten manche kirchliche Liegenschaftsverwaltungen und Kommunen für Familien mit Kindern.

Der Erbbauvertrag, der wie der Kaufvertrag notariell geschlossen werden muss, birgt indes auch einige Fallstricke für den Bauherrn oder die Bauherrin. So muss sich

GUT ZU WISSEN

### Erbbauzins steigt im Lauf der Zeit an

Die Erbbauzinsen dürfen im Lauf der Zeit erhöht werden. Wenn der Erbbauzins vertraglich an den Grundstückswert gekoppelt ist, kann er sich bei Wertsteigerungen entsprechend erhöhen. Andere Anpassungsklauseln können vorsehen, dass der Erbbauzins in regelmäßigen Abständen an die Entwicklung der allgemeinen Lebenshaltungskosten – sprich: an die Inflation – angepasst wird. Diese Kostensteigerungen sollten Sie mit ins Kalkül ziehen, wenn Sie die Finanzierung eines Hauses auf einem Erbpacht-Grundstück planen.

der Pächter oder die Pächterin meist verpflichten, innerhalb von zwei bis vier Jahren mit dem Bau zu beginnen. Überdies enthält der Vertrag Regelungen über die sogenannten „Heimfallgründe" – in solchen Fällen darf der Eigentümer das Grundstück mitsamt Bauwerk gegen eine Entschädigung zurückfordern. Dies kann etwa dann der Fall sein, wenn Sie nicht fristgerecht mit dem Bau beginnen, mit zwei Jahresbeträgen im Rückstand sind oder das Grundstück vertragswidrig – beispielsweise zum Bau einer Spielhalle – nutzen.

CHECKLISTE

### Fragen zum Erbbauvertrag

- ☐ Welche Institutionen bieten am Ort oder in der Region Erbbaurechte an?
- ☐ Müssen bestimmte Voraussetzungen – zum Beispiel Einkommensgrenzen – erfüllt werden?
- ☐ Gibt es Sonderkonditionen für Familien?
- ☐ Innerhalb welcher Frist und unter welchen Vorgaben muss gebaut werden?
- ☐ In welchen Fällen darf der Eigentümer das Grundstück zurückfordern?
- ☐ Wie oft und in welchem Maß darf der Zins erhöht werden?
- ☐ Kann das Grundstück zu einem späteren Zeitpunkt günstig gekauft werden?
- ☐ Wie hoch ist die Grunderwerbsteuer?

Beachten Sie, dass das Bestellen oder die Übertragung des Erbbaurechts grunderwerbsteuerpflichtig ist. Die Höhe der Grunderwerbsteuer errechnet sich aus dem Erbbauzins und einem Vervielfältiger.

Wenn Sie in den Erbbauvertrag eine Kaufoption integrieren, können Sie die Vorteile von Erbbau und Kauf verknüpfen. Ist das Darlehen für das Haus getilgt, kann das Grundstück nachträglich zu günstigen Konditionen – oft bis zu 25 Prozent unter dem Marktwert – erworben werden. Bei kirchlichen Erbbauanbietern stößt man allerdings mit dem Wunsch nach späterem Kauf meist auf taube Ohren, denn deren Satzung erlaubt den Verkauf von Grundstücken nur in Ausnahmefällen. Flexibler zeigen sich bei der Kombination von Erbbau und Kauf in der Regel die Kommunen – aus durchaus nachvollziehbarem Grund: Schließlich fließt bei jedem Grundstücksverkauf eine stattliche Summe in die Gemeindekasse.

Der Erbbau ist vor allem dann interessant, wenn Sie sich das Bauen auf einem eigenen Grundstück wegen der hohen Anfangsbelastung nicht leisten können und Sie von einem niedrigen Erbbauzins profitieren können. Sind Sie hingegen imstande, die Belastung für den Grundstückskauf zu tragen, kommen Sie damit langfristig günstiger weg. Der Grund: Ist das Grundstück nach einigen Jahren schuldenfrei, fallen auch keine Zinsaufwendungen mehr an. Beim Erbbau muss jedoch der Zins über die gesamte Vertragslaufzeit entrichtet werden.

## Holz- oder Massivbauweise?

Wenn es um den Bau des Hauses geht, haben Sie die Wahl zwischen unterschiedlichen Baustoffen. Soll das Haus in Massivbauweise errichtet werden, kommen zumeist mineralische Baustoffe wie Tonziegel, Porenbetonsteine – landläufig auch unter der Markenbezeichnung „Ytong“ bekannt – oder Kalksandsteine zum Einsatz.

Das Gegenstück dazu bildet die Holzbauweise, bei der es ebenfalls unterschiedliche Varianten gibt. Blockhäuser bestehen aus massiven Holzstämmen, die aufeinandergeschichtet werden. Bei Gebäuden in Holzständerbauweise bilden hingegen Holzbalken ähnlich einem Fachwerk das tragende Gerippe, und die Zwischenräume werden mit Dämmstoff ausgefüllt. Die meisten Holzhäuser werden in Ständerbauweise errichtet, da diese kosten- und ressourcensparender ist als ein Blockhaus. Von außen sind Holzhäuser oft nicht als solche zu erkennen, weil außen nicht nur eine Holzverschalung, sondern alternativ dazu auch eine verputzte Fassade angebracht werden kann.

Bei qualitativ guter Bauausführung ist die Lebensdauer eines Holzhauses mit der eines massiv gebauten Hauses vergleichbar, allerdings gibt es auch bei den Baukosten keine großen Unterschiede.

Die nachfolgenden Tabellen zeigen die Vor- und Nachteile von Holz- und Massivhäusern im Überblick. Ansonsten kommt es letztlich darauf an, mit welchem Baustoff Sie sich als Bauherr oder Bauherrin wohler fühlen.

VORTEILE UND NACHTEILE

**Vorteile Holzhaus**
- kürzere Bauzeit
- keine Baufeuchte
- gutes Raumklima
- dünnere Außenwände durch Dämmung zwischen den Balken
- bessere Ökobilanz

**Nachteile Holzhaus**
- schlechterer Schallschutz durch dünnere und leichtere Wände
- mehr Instandhaltungsaufwand zum Beispiel für Streichen der Holzfassade
-

**Vorteile Massivhaus**
- besserer Schallschutz durch Massivwände
- weniger Aufwand bei Instandhaltung und Sanierung
- lange Bautrocknungszeit

**Nachteile Massivhaus**
- schlechtere Ökobilanz
- gute Dämmung erfordert dicke Außenwände

## Der Hausbau – die Wahl zwischen unterschiedlichen Fertigungstiefen

Beim Bau eines Hauses können Sie als Bauherr oder Bauherrin grundsätzlich in völlig unterschiedliche Rollen schlüpfen, je nachdem, wie intensiv und individuell Sie am Bauprozess beteiligt sein wollen: Sie können zur Planerin und Bauunternehmerin des eigenen Hauses werden oder aber zum Käufer eines fertigen Produkts. Ganz intensiv sind Sie selbst beteiligt, wenn Sie sich dafür entscheiden, ein individuelles Haus mit einem Architekten oder einer Architektin zu bauen, ihn oder sie bei Bedarf mit der Planung und Überwachung sowie den Bauunternehmer und auch die übrigen am Bau beteiligten

Handwerker und Handwerkerinnen selbst zu beauftragen. In diesem Fall unterstützt die Architektin oder der Architekt Sie bei der Auswahl der geeigneten Unternehmen und bei der Beauftragung, Sie als Bauherrin oder Bauherr schließen jedoch eine ganze Reihe von Verträgen ab und müssen sich mit jedem einzelnen Vertragspartner gesondert auseinandersetzen. Dies ist mit erhöhtem Koordinations- und Verwaltungsaufwand verbunden. Den Aufwand können Sie reduzieren, indem Sie einen sogenannten Generalunternehmer mit dem schlüsselfertigen Bau des Hauses beauftragen (→ Seite 97).

Die Beauftragung eines Generalunternehmers erfordert jedoch zu Beginn der Maßnahme eine vollständige und detaillierte Baubeschreibung (→ Seite 113), die Vertragsbestandteil wird. Alle Festlegungen sollten idealerweise bei Vertragsschluss feststehen, um Kostensteigerungen zu vermeiden.

Natürlich können Sie auch die organisatorischen Arbeiten inklusive der Bauleitung selbst in die Hand nehmen und ein hohes Maß an Eigenleistungen erbringen. Doch abgesehen davon, dass Sie dabei ein hohes Risiko eingehen, können Sie keinesfalls auf die Mitwirkung von Architekt und Statikerin verzichten. Ihr Bauantrag wird nämlich nur genehmigt, wenn die Zeichnungen eines bauvorlageberechtigten Architekten und die Berechnungen eines Statikers vorliegen.

Bequemer wird es für Sie, wenn Sie ein Fertighaus errichten lassen. Hier müssen Sie nicht mit einzelnen Handwerksleistungen jonglieren, sondern haben einen Ansprechpartner – nicht nur in organisatorischen Fragen, sondern auch in rechtlicher und finanzieller Hinsicht. Auch hier ist eine gut durchdachte und geprüfte Baubeschreibung zur Vermeidung von kostenintensiven nachträglichen Sonderwünschen von zentraler Bedeutung.

Die nachfolgenden Abschnitte sind nach der Fertigungstiefe – also danach, wie viel Sie selbst übernehmen und beeinflussen – absteigend sortiert: Den Anfang bildet das Architektenhaus, danach kommt der schlüsselfertige Bau mit dem Generalunternehmer und zuletzt das Fertighaus. Dem Kauf eines schlüsselfertigen Hauses mitsamt Grundstück vom Bauträger ist im Anschluss ein eigenes Kapitel gewidmet, weil hier einige rechtliche und organisatorische Besonderheiten zu beachten sind.

## Das Architektenhaus – die Herausforderung für Individualisten

Wenn Ihr Haus nicht erst bei der Inneneinrichtung, sondern in der ganzen Gestaltung eine persönliche Note erhalten soll, ist der Architekt der wichtigste Partner für Sie. Er begleitet Sie beim Bauen und berät Sie vom Planungsstadium über die Bauausführung bis hin zur eventuellen Überwachung von

Gewährleistungsansprüchen. Seine Hauptaufgabe besteht darin, die technische und planungsrechtliche Machbarkeit und Zulässigkeit der von Ihnen geäußerten Wünsche zu prüfen und kreativ umzusetzen.

Grundsätzlich können Sie den Architekten oder die Architektin mit der Übernahme von Teilleistungen von Planung, Ausschreibung und Bauleitung oder aber für die Gesamtabwicklung Ihres Bauvorhabens beauftragen. Er oder sie orientiert sich im Regelfall an der Honorarordnung für Architekten und Ingenieure, abgekürzt HOAI. Diese ordnet das zu errichtende Gebäude nach Schwierigkeitsgraden bestimmten Honorarzonen zu, die dann der Bemessung der Honorare für Architekten und Ingenieure dienen. Die gesamte Arbeit wird dabei in neun verschiedene Leistungsphasen unterteilt.

Die Grundleistungen der einzelnen Leistungsphasen gemäß Honorarordnung für Architekten und Ingenieure sehen Sie in der Tabelle.

Beim Bauen mit einem Architekturbüro sind Sie als Bauherr nicht nur Vertragspartner der Architektin oder des Architekten,

**Die Leistungsphasen gemäß Honorarordnung für Architekten und Ingenieure**

| LEISTUNGSPHASE | LEISTUNGEN |
| --- | --- |
| Leistungsphase 1: Grundlagenermittlung | Ermitteln der Voraussetzungen zur Lösung der Bauaufgabe inklusive Prüfung des Kostenrahmens vom Bauherrn |
| Leistungsphase 2: Vorplanung (Projekt- und Planungsvorbereitung) | Erarbeiten der wesentlichen Teile einer Lösung für die Planungsaufgabe mit Kostenschätzung |
| Leistungsphase 3: Entwurfsplanung | Erarbeiten der konkreten Lösung für die Planungsaufgabe inklusive Kostenberechnung |
| Leistungsphase 4: Genehmigungsplanung | Erstellen und Einreichen der Vorlagen für die notwendigen Genehmigungen |
| Leistungsphase 5: Ausführungsplanung | Erarbeiten und Darstellen der ausführungsreifen Planungslösung |
| Leistungsphase 6: Vorbereitung der Vergabe | Ermittlung der Mengen und Aufstellung von Leistungsverzeichnissen |
| Leistungsphase 7: Mitwirkung bei der Vergabe | Kostenermittlung und Mitwirkung bei der Vergabe der Aufträge für einzelne Gewerke |
| Leistungsphase 8: Objektüberwachung | Bauüberwachung und Dokumentation |
| Leistungsphase 9: Objektbetreuung | Prüfung des fertiggestellten Gebäudes, Überwachung der Beseitigung eventueller Mängel, Abschlussdokumentation |

sondern Vertragspartner aller beauftragten Unternehmen und Fachingenieure. Außerdem sind Sie als Bauherr gegenüber den Behörden mitverantwortlich für die Sicherheit auf Ihrer Baustelle. Das gilt auch dann, wenn Sie dem Bauleiter (das kann Ihr Architekt oder Ihre Architektin sein, wenn Sie ihn oder sie mit der Bauüberwachung – Leistungsphase 8 – beauftragen, oder ein anderer Architekt oder ein Bauingenieur) die Verantwortung übertragen haben.

Es empfiehlt sich, den Architektenvertrag sowie die Bauverträge rechtlich überprüfen zu lassen, wenn Sie auf diesem Gebiet über keine eigene Expertise verfügen.

**Die Auswahl des Architekturbüros**
Ein maßgeblicher Erfolgsfaktor beim Bauen ist die Auswahl des richtigen Architekturbüros, das Ihre Vorstellungen so umsetzt, dass Ihre Träume zu vertretbaren Kosten verwirklicht werden können. Die Wahl ist nicht immer einfach, und nicht jedes Büro wird den Anforderungen des Bauherrn oder der Bauherrin gerecht. Um herauszufinden, ob ein Architekturbüro wirklich gute Leistungen bietet, empfiehlt sich die Kontaktaufnahme zu Kunden, die mit ihm gebaut haben. Ein Architekturbüro, das von seinem guten Ruf überzeugt ist, dürfte kein Problem damit haben, Ihnen Referenzadressen zu geben. Im Gespräch mit diesen Kunden sollten Sie die nachfolgenden Fragen stellen:

→ Ging der Architekt oder die Architektin bei der Planung auf die Wünsche des Bauherrn oder der Bauherrin ein?
→ Hatte er oder sie das Budget beim Bauen im Griff?
→ Wurde der Terminplan eingehalten?
→ Wenn der Architekt oder die Architektin die Bauleitung übernommen hatte: Wie intensiv kümmerte er oder sie sich in der Funktion als Bauleiter oder Bauleiterin um die Handwerker auf dem Bau?
→ Wie verhielt er oder sie sich bei Mängeln gegenüber dem Handwerker und dem Bauherrn oder der Bauherrin?
→ Wie hoch war das Honorar, das er oder sie für seine oder ihre Dienste verlangt hat?

Wenn Sie ein Architekturbüro zunächst einmal testen wollen, haben Sie die Möglichkeit, es im ersten Schritt nur mit der Grundlagenermittlung und Vorplanung (Leistungsphase 1 und 2) zu beauftragen. Merken Sie schon in diesem Stadium, dass die Zusammenarbeit nicht funktioniert, können Sie sich von diesem Büro trennen, ohne allzu viel Geld dabei verloren zu haben. Die Erstellung eines Entwurfs schließt als Leistungsphase 3 auch die Leistungsphasen 1 und 2 ein. Wenn Sie über die Referenzobjekte Positives über den Architekten oder die Architektin erfahren haben, ist es ratsam, ihn oder sie gleich mit den Leistungsphasen 1 bis 4 bis einschließlich Bauantrag zu beauftragen.

Gemeinsam mit dem Architekten oder der Architektin werden Sie dann auch den Bauetat aufstellen. Hier braucht die Architektin oder der Architekt Erfahrung und Fingerspitzengefühl, denn schon eine Budgetüberschreitung um wenige Prozent kann unter Umständen Finanzierungsprobleme für Sie nach sich ziehen. Um sich vor solchen finanziellen Unwägbarkeiten zu schützen, sollten Sie genügend Reserven einplanen und im Architektenvertrag eine Vereinbarung zur Baukostenobergrenze aufnehmen.

| LEISTUNGSPHASE | HONORARANTEIL |
|---|---|
| 1: Grundlagenermittlung | 2 Prozent |
| 2: Vorplanung (Projekt- und Planungsvorbereitung) | 7 Prozent |
| 3: Entwurfsplanung | 15 Prozent |
| 4: Genehmigungsplanung | 3 Prozent |
| 5: Ausführungsplanung | 25 Prozent |
| 6: Vorbereitung der Vergabe | 10 Prozent |
| 7: Mitwirkung bei der Vergabe | 4 Prozent |
| 8: Objektüberwachung | 32 Prozent |
| 9: Objektbetreuung | 2 Prozent |
| **Summe** | **100 Prozent** |

Verteilung des Architektenhonorars auf die einzelnen Leistungsphasen gemäß Empfehlung der Honorarordnung für Architekten und Ingenieure

→ **TIPP**

Bei einem begrenzten Bauetat gibt es viele Möglichkeiten, durch planerische Vereinfachung bei annähernd gleicher Wohnfläche ohne Qualitätsverlust weniger Baukosten zu produzieren. Das Architekturbüro berät Sie auch, wenn es darum geht, kostengünstige Alternativen aufzuzeigen und zu klären, ob und wie viel Kosten Sie sparen können: zum Beispiel durch den Verzicht auf aufwendige Elemente wie Erker oder Dachgauben oder – soweit im Bebauungsplan vorgesehen – mit einem Pultdach anstelle eines Sattel- oder Walmdachs.

### Architektenvertrag und -honorar

Sie beauftragen einen Architekten oder eine Architektin, indem Sie einen Architektenvertrag abschließen. In der Regel wird er oder sie Ihnen einen vorgedruckten Vertragstext mit der Bitte um Unterzeichnung vorlegen.

Die Musterarchitektenverträge regeln oft eine stufenweise Beauftragung der einzelnen Leistungsphasen.

Bei der Honorierung orientieren sich Architektinnen und Architekten zumeist an der Honorarordnung für Architekten und Ingenieure (HOAI), die in Abhängigkeit von den gesamten zu erwartenden Baukosten bestimmte Honorarspannen für die einzelnen Leistungsphasen vorsieht (→ Tabelle Seite 91). Die aktuell geltende Honorarordnung hat Empfehlungscharakter, sodass Architekten von den vorgegebenen Kostensätzen abweichen können. Bei Fehlen einer ausführlichen Vereinbarung der Parteien zum Honorar gilt allerdings gemäß Paragraf 7 Absatz 1 HOAI 2021 für Grundleistungen der jeweilige Basishonorarsatz als vereinbart.

Bei der Ermittlung der Kosten kommt es darauf an, wie anspruchsvoll die Leistungen im Einzelnen sind – so ist beispielsweise die Planung bei einem einfachen Haus weniger anspruchsvoll als bei einem verschachtelt konstruierten Designerhaus. Diese Unterschiede werden bereits in der HOAI in Form unterschiedlicher Honorarzonen berücksichtigt, deren Bandbreite von Zone I für einfache Bauwerke bis Zone V für extrem hohe Planungsanforderungen reicht. Ein normales Einfamilienhaus wird üblicherweise in der Zone III eingestuft. Basis für die Ermittlung des Honorars sind die anrechenbaren Baukosten, wobei der Kaufpreis für das Baugrundstück dabei unberücksichtigt bleibt.

### Planung und Kalkulation

Zuallererst sollten Sie zumindest eine grobe Vorstellung davon haben, wie Ihr Haus aussehen soll. Die Anzahl der Zimmer und die ungefähre Nutz- und Wohnfläche sollten feststehen, und Sie sollten sich darüber Gedanken gemacht haben, ob Sie einen Keller und eine Garage brauchen oder ob Abstellraum und Carport ausreichen.

Dann sollten Sie ein Architekturbüro mit der Planung beauftragen, da schon in dieser Phase Konstruktion und Kalkulation eine wichtige Rolle spielen. Auch wenn Sie zeichnerisch begabt sind, muss die Planung von einer Architektin oder einem Architekten gemacht werden, die oder der Mitglied einer Architektenkammer ist, da die Planung sonst vom Bauamt nicht genehmigt wird. Zu der Planung zählen auch die statischen Berechnungen, die sicherstellen, dass Ihnen die Decke nicht auf den Kopf fällt.

### Bauantrag und Baugenehmigung

Die Einzelheiten des Baugenehmigungsverfahrens sind in der jeweiligen Landesbauordnung geregelt. Darin ist auch festgelegt, welche Behörde Ihren Bauantrag bearbeitet. Welche Stelle zuständig ist – meist das Bauordnungsamt oder das Bauamt –, weiß das Architekturbüro. Um eine Baugenehmigung zu erhalten, muss ein Bauantrag eingereicht werden. Das kann jedoch in der Regel nur eine Person tun, die eine sogenannte Bauvorlagenberechtigung besitzt, also zum Beispiel ein Architekt oder eine Ingenieurin. Für den Bauantrag selbst gibt es Formulare, die zusammen mit den Bauvorlagen eingereicht werden müssen. Das sind normalerweise:

> ! WICHTIG
>
> **Baugenehmigung nur begrenzt gültig**
>
> Eine Baugenehmigung ist immer nur für einen bestimmten Zeitraum gültig. Dieser beträgt meist drei Jahre. Innerhalb dieser Frist müssen Sie mit dem Bau beginnen und dürfen den Bau auch nicht für längere Zeit – hier gilt meist die Grenze von einem Jahr – unterbrechen, sonst erlischt die Baugenehmigung.

> ! ACHTUNG
>
> **Billig ist nicht immer preiswert**
>
> Das günstigste Angebot ist nicht immer das beste. Oft werden am Bau ein paar Hundert Euro Preisersparnis mit Terminverzögerungen, minderwertigen Materialien oder langwierigen Reklamationen teuer bezahlt. Ihr Architekt als erfahrener Planer kennt die Fallstricke bei Billigangeboten, kann die Spreu vom Weizen trennen und damit so manches Ärgernis rechtzeitig vermeiden.

- → bei Bauvorhaben im umplanten Innenbereich: ein Auszug aus dem Liegenschaftskataster
- → Lageplan
- → Bauzeichnungen
- → Baubeschreibung
- → Statik

Die Behörde muss dann innerhalb einer bestimmten Frist über den Antrag entscheiden. In der Praxis kommt es nicht selten vor, dass die Baubehörde die Baugenehmigung erteilt, aber mit bestimmten Auflagen versieht. In diesem Fall müssen dann noch Änderungen in den Unterlagen vorgenommen werden.

### Die Ausschreibung und die Auswahl der Handwerker

Auf der Basis der Bauantragspläne werden die Ausführungspläne erstellt, die die „Feinarbeit“ enthalten und auf deren Grundlage die jeweiligen Mengen zur Erstellung des Leistungsverzeichnisses errechnet werden (Leistungsphase 5 und 6). Wenn also Ihr Bauvorhaben als Bauantrag vom Bauamt geprüft und genehmigt worden ist, übernimmt in der Regel das Architekturbüro die Ausschreibung der einzelnen Bauleistungen, in der Fachsprache „Gewerke“ genannt. In der Ausschreibung werden die jeweiligen Leistungen beschrieben und vom an der Ausschreibung interessierten Handwerker mit Preisen versehen.

**Wer übernimmt die Bauleitung?**
Ein Neubau und ein Klassenzimmer haben eines gemeinsam: Wenn die Aufsicht fehlt, bricht schnell das Chaos aus. Daher ist auf der Baustelle ein versierter Bauleiter erforderlich, der nach dem Rechten sieht. Mit dieser Aufgabe können Sie Ihren Architekten oder Ihre Architektin beauftragen (Leistungsphase 8) oder einen anderen Architekten oder auch eine Bauingenieurin. Wichtig ist dabei jedoch zu wissen, dass Sie in jedem Fall selbst für Ihren Bau verantwortlich sind, auch wenn die Fachperson Sie als Bauleiterin oder Bauleiter unterstützt. Ansprüche wegen Mängeln oder nicht eingehaltener Kosten und Termine müssen Sie als Bauherr oder Bauherrin gegenüber den beteiligten Handwerkern selbst durchsetzen.

Die Übernahme der Bauleitung in eigener Verantwortung ist in aller Regel nicht empfehlenswert – es sei denn, Sie haben das erforderliche Fachwissen und jede Menge Zeit. Auch wenn Sie handwerklich begabt sind, sollten Sie Ihre Möglichkeiten nicht überschätzen. Schließlich ist ein kompletter Neubau kaum mit typischen Heimwerkerleistungen wie dem Ausbau eines Dachgeschosses oder einer Einliegerwohnung vergleichbar. Hier geht es nicht um Ausbauarbeiten, sondern im wahrsten Sinn des Wortes um die tragenden Bestandteile des Hauses. Wenn Sie kein ausgebildeter und erfahrener Bauhandwerker oder Bauingenieur sind, sollten Sie die Bauleitung auf jeden Fall in qualifizierte Hände geben.

Üblich ist, dass der Architekt oder die Architektin selbst oder ein mit ihm oder ihr kooperierender Bauingenieur die Bauleitung übernimmt. Allerdings sollten Sie von vornherein sicherstellen, dass der Bauleiter seine Aufgabe nicht auf die leichte Schulter nimmt. Mit einer oder zwei Stunden Anwesenheit pro Woche kann selbst eine versierte Fachkraft keine qualifizierte Aufsicht leisten – denn in der verbleibenden Zeit kann schlicht und einfach zu viel Pfusch zugeputzt und übertüncht werden.

**→ TIPP**

**Den Umfang der Bauleitung sollten Sie im Gespräch mit dem Architekten oder der Architektin detailliert klären. Lassen Sie sich verbindlich zusagen, dass er oder sie die Baustelle mehrmals pro Woche unter die Lupe nimmt – und haken Sie in Gesprächen mit Referenzkunden nach, ob dies auch tatsächlich eingehalten worden ist.**

Die Frage der Bauleitung wirkt sich auch auf die Beauftragung der Handwerkerinnen und Handwerker aus. Wer diese letztendlich auswählt, hängt nämlich davon ab, ob der Architekt von Ihnen als Bauleiter oder Baubetreuer eingesetzt wird. Hat er den Auftrag der Bauleitung, wird er sicherlich eine Empfehlung aussprechen und Sie vielleicht auf einen zwar etwas teureren, aber besonders zuverlässigen Handwerker hinweisen. Wer den Zuschlag bekommt, entscheiden jedoch Sie selbst

In dem bei einem Einfamilienhaus seltenen Fall der Baubetreuung geben Sie der Architektin oder dem Architekten die Vollmacht, in Ihrem Auftrag und Namen die Handwerkerverträge zu schließen. Sie schließen vorab mit der Architektin, dem Architekten oder einem Dritten einen gesonderten Baubetreuungsvertrag ab, damit der Baubetreuer für Sie technische und wirtschaftliche Fragen entscheidet. Diese Vollmacht erstreckt sich auf alle Arbeiten, die für die reibungslose Durchführung notwendig sind. Darunter fallen beispielsweise Auftragsvergabe, Terminkoordination und Behördenkontakte. Rechtlich gesehen ist der Baubetreuer nur der Vermittler zwischen den Bauhandwerkern und dem Architekten auf der einen und dem Bauherrn auf der anderen Seite: Er vergibt zwar die Aufträge und überwacht die Arbeiten, doch wenn Mängel auftreten, haftet der Handwerker oder der Architekt direkt gegenüber dem Bauherrn.

### So behalten Sie die Kosten im Griff

In Unternehmen sind die Kostenkontrolleure, auch „Controller" genannt, im Kollegenkreis oft wenig beliebt. Sie achten auf die Einhaltung der Budgets, fordern Erklärungen bei Überschreitungen ein und lehnen Extraausgaben oft ab, wenn ihnen die Begründung nicht ausreichend erscheint. Dennoch sind sie wichtig für den wirtschaftlichen Erfolg des Unternehmens. Denn das schönste Umsatzwachstum kann in die Pleite führen, wenn die Ausgaben aus dem Ruder laufen.

Grundsätzlich hat Ihr Architekt als Bauleiter die Pflicht, Ihnen als Bauherrn oder Bauherrin regelmäßig einen aktuellen Überblick über die entstandenen Kosten zu verschaffen. Er muss die Rechnungen der Unternehmer mit den vertraglich vereinbarten Preisen und den veranschlagten Kosten vergleichen und Sie rechtzeitig informieren, wenn sich Kostensteigerungen ergeben. Der Bauleiter ist verpflichtet, in den einzelnen Leistungsphasen immer wieder Kostenkalkulationen vorzunehmen. Das gehört zu seinen Aufgaben.

Nun ist es so, dass Sie beim Bauen mit einem Architekten oder einer Architektin bei einem Einfamilienhaus beispielsweise Vertragspartner oder -partnerin von etwa 20 Unternehmen plus Fachingenieuren sind. Diese stellen je nach Vertragsgestaltung mehrere Abschlagsrechnungen, bis am Ende jeweils die Schlusszahlung nach der Abnahme des Hauses erfolgt. Sie erhalten also während des Bauablaufs leicht über 150 Rechnungen.

Als Bauherr oder Bauherrin haben Sie ein Budget in Form Ihres Finanzierungsrahmens, dessen Überschreiten Ihnen im schlimmsten Fall finanziell das Genick brechen kann. Um ein Finanzierungsfiasko zu vermeiden, sollten Sie ständig darauf achten, dass die Gesamtkosten Ihr geplantes Budget nicht sprengen. Und Sie sollten zu jedem Zeitpunkt einen Überblick darüber haben, wie hoch die bisherigen Ausgaben sind, ob die einzelnen Gewerke teurer oder billiger sind als im Kostenanschlag vorgesehen und ob sich bereits Kostenüberschreitungen abzeichnen.

Außerdem sollten Sie einen Überblick über die Teilzahlungen an die einzelnen Gewerke haben, damit Sie nicht einzelnen Firmen versehentlich zu viel überweisen. Nicht jede Abschlussrechnung ist in ihrer Höhe berechtigt. Zwar ist die Kostenfeststellung (Leistungsphase 8) eine der Leistungen des Architekten oder der Bauleiterin, der oder die sich dezidiert darum kümmern muss, aber trotzdem ist es wichtig, dass Sie selbst auch informiert sind. Wenn Sie sich aus Zeitgründen nicht im Detail darum kümmern können, so sollten Sie sich diese Informationen regelmäßig, zum Beispiel einmal im Monat, von Ihrem Architekten oder ihrer Bauleiterin vorlegen lassen.

Grundsätzlich sind die Handwerksbetriebe an die Angebote gebunden, die sie auf die Ausschreibung des Architekturbüros hin abgegeben haben. Wenn Sie nachträglich eine Leistungsposition ändern, muss mit dem Handwerksbetrieb entsprechend nachverhandelt werden.

! ACHTUNG

### Mehrkosten durch nachträgliche Extras

Eine der wichtigsten Kostenfallen beim Bauen sollten Sie auf jeden Fall kennen: Das sind Planungsänderungen während der Bauphase. Wenn ein Gebäude entsteht, kommt Ihnen als Bauherrin oder Bauherr vielleicht die eine oder andere Idee, wie die Gestaltung des Ganzen noch ein bisschen abgeändert oder optimiert werden kann. Dabei geht es weniger um das Gesamtvolumen – denn Baufläche, Dachform, Zahl der Geschosse und ähnliche Dinge sind ja durch die Prozedur der Baugenehmigung verbindlich vorgeschrieben. Doch schon allein der Innenausbau bietet jede Menge Kostenfallen, wenn das ursprünglich Geplante nachträglich geändert werden soll. Höherwertige Fliesen und Türen oder nachträglich eingeplante Extras wie Fußbodenheizung können den Etat sprengen – vor allem dann, wenn die Finanzierung von vornherein knapp ausgelegt wurde.

Legen Sie am besten von vornherein rund 5 Prozent der Finanzierungssumme als „Etat für nachträgliche Extras“ fest. Wenn Ihr Bau dann teurer als geplant ausfällt, haben Sie sich damit etwas Spielraum verschafft. Brauchen Sie das Geld nicht, können Sie gleich zu Beginn eine Sondertilgung leisten und damit Ihre Finanzierungsdauer reduzieren.

## Schlüsselfertig bauen mit dem Generalunternehmer

Der Generalunternehmer plant und errichtet das Haus auf dem Grundstück, das Sie erworben haben. Häufig übernimmt ein bei ihm angestellter oder mit ihm kooperierender Architekt die Planung. Der Generalunternehmer kann frei entscheiden, in welchem Umfang er Gewerke selbst ausführt oder an Subunternehmer vergibt. Ein wichtiger Unterschied zum Bauleiter und Baubetreuer besteht darin, dass der Generalunternehmer Ihr alleiniger Vertragspartner ist. Damit haben Sie bei Mängeln und Reklamationen einen einzigen Ansprechpartner, der für den gesamten Bau verantwortlich ist.

Wenn es um die Abrechnung geht, vereinbaren Sie mit dem Generalunternehmer in aller Regel einen Festpreis für das gesamte Bauprojekt. Dabei verlangen Generalunternehmer meist mehrere Ratenzahlungen nach Baufortschritt. Bei der Ausgestaltung der Raten haben die Anbieter weitgehend freie Hand, müssen jedoch bei Bauverträgen mit Verbraucherinnen und Verbrauchern die folgenden Vorgaben beachten:

- → Der Bauherr oder die Bauherrin muss mit der ersten Abschlagszahlung eine Fertigstellungssicherheit in Höhe von 5 Prozent der Vertragssumme als Sicherheit erhalten.
- → Die Summe der Abschlagszahlungen bis zur Abnahme darf nicht höher als 90 Prozent der Vertragssumme sein.

Viel Ähnlichkeit – nicht nur bei der Bezeichnung – hat der Generalübernehmer mit dem Generalunternehmer. Doch während der Ge-

VORTEILE UND NACHTEILE

### Bauen mit Generalunternehmer: Vorteile

- weniger Zeitaufwand für die Abstimmung bei der Handwerkerauswahl
- nur ein Ansprechpartner beim Hausbau
- Generalunternehmer haftet für alle Handwerkermängel
- Planungssicherheit durch Festpreis

### Bauen mit Generalunternehmer: Nachteile

- eventuell höhere Gesamtkosten, weil der Gewinn des Generalunternehmers eingepreist ist
- kein Mitbestimmungsrecht bei der Auswahl der Handwerker
- hoher Verwaltungsaufwand und Bauverzögerungen bei Insolvenz des Generalunternehmers
- kein Weisungsrecht gegenüber Handwerkern
- Gefahr des Wegfalls der Gewährleistung für alle Gewerke bei Insolvenz des Generalunternehmers

neralunternehmer zumindest einen Teil der Bauarbeiten selbst ausführt, vergibt der Generalübernehmer alle Gewerke an Subunternehmen. Daher sind in diesem Segment oft Maklerinnen oder Bauingenieure tätig, die keinen eigenen Handwerksbetrieb im Hintergrund haben.

Für Sie als Bauherr oder Bauherrin kann damit ein gewisses Risiko verbunden sein, denn die Tätigkeit als Generalübernehmer erfordert keine gesetzliche Mindestqualifikation wie beispielsweise einen Meisterbrief oder einen Berufsabschluss als Architekt oder Bauingenieurin. Prüfen Sie in diesem Fall daher besonders kritisch die Erfahrung und die Referenzen des Anbieters.

## Der Kauf eines Fertighauses

Beim Fertighaus werden wesentliche Bauteile im Werk vorgefertigt und von einem Bauteam in relativ kurzer Zeit auf der Baustelle montiert. Die Bauzeit auf der Baustelle beträgt im Durchschnitt lediglich ein bis drei Monate. Anschließend werden nur noch die

Innenausbauarbeiten durchgeführt. Die Bereitstellung der Hauptlieferungen und Bauleistungen erfolgt von einem Unternehmer, der als Generalübernehmer fungiert. Das Fertighaus kann Ihnen als Käuferin oder Käufer schlüsselfertig oder in verschiedenen Ausbaustufen übergeben werden. Der Fertighausanbieter oder Generalübernehmer erstellt Ihnen als Bauherrin oder Bauherr also ein Wohngebäude auf Ihrem Grundstück

Weil beim Fertighaus einige Merkmale wie Trauf- und Firsthöhe, Grundfläche und Dachform und -neigung vorgegeben sind, sollten Sie unbedingt prüfen, ob das angebotene Haus mit den Bauvorschriften Ihres Grundstücks kompatibel ist. Unterschreiben sollten Sie den Vertrag für ein Fertighaus erst dann, wenn Sie das Baugrundstück erworben haben und sicher sind, dass das gewünschte Fertighaus auch auf das Grundstück passt beziehungsweise darauf errichtet werden darf. Für den Fall, dass Sie den Grundstückskauf vor dem Hauskauf nicht ganz unter Dach und Fach bekommen, sollten Sie ein kostenloses Rücktrittsrecht im Vertrag mit dem Fertighausanbieter vereinbaren.

ACHTUNG

**Musterhäuser mit teuren Extras**

Lassen Sie sich nicht beeindrucken oder ablenken von aufwendigen Häusern mit vielen Extras und Sonderausstattungen. Häufig werden Musterhäuser mit höherwertigen Materialien ausgestattet, die nicht zur Grundausstattung und zum Festpreis des angebotenen Hauses gehören.

### Erst die Bedarfsplanung, dann die Haussuche

Auch wenn Sie sich als Bauherr oder Bauherrin für ein Fertighaus entscheiden, müssen Sie zunächst mit einer Bedarfsplanung beginnen. Danach können Sie sich auf die Suche nach geeigneten Häusern machen. Informationen zu Anbietern und Haustypen finden Sie in Fachzeitschriften und im Internet, beispielsweise auf Fertighausportalen. Adressen von Musterhäusern erhalten Sie von den Anbietern oder Herstellerverbänden. In Fertighausausstellungen, sogenannten Musterhaussiedlungen, sind meist Häuser verschiedener Hersteller errichtet, sodass Sie direkt vergleichen können. Diese Hausbesichtigungen haben den Vorteil, dass die Besichtigung im 1:1-Maßstab leichter ist als das Lesen von Plänen und Grundrissen.

Wichtig ist, dass Sie sich die genaue Größe der Wohnfläche nennen lassen und den Preis pro Quadratmeter Wohnfläche überschlagen. Lassen Sie sich die Bau- und

Leistungsbeschreibung geben und fragen Sie, was zur Grundausstattung des Hauses zu dem genannten Festpreis gehört (zum Beispiel Fenster, Anzahl der Steckdosen, Badewanne, Fußbodenbeläge) und was im Gegensatz dazu teure Zusatzausstattung ist.

Außerdem sollten Sie auf einen guten, funktionalen und platzsparenden Hausentwurf achten. Bei Fertighausanbietern finden Sie auch schlechte Entwürfe und vieles, das qualitativ dazwischenliegt. Am besten, Sie begeben sich mit Papier und Stift sowie einem Zentimetermaß zur Besichtigung, um alles Wichtige schriftlich festzuhalten.

Zwar bieten die meisten Hersteller standardisierte Haustypen an. Doch diese können dank flexibler Fertigungsmethoden in aller Regel problemlos an Ihre speziellen Wohnvorstellungen angepasst werden, sofern die Tragkonstruktion davon nicht betroffen ist und die Grundkonzeption bestehen bleibt. Der Standardgrundriss ohne Änderungsmöglichkeit gehört damit längst der Vergangenheit an.

Die Außenfassade wird je nach Ihrem Geschmack verputzt, verklinkert oder mit Holz verkleidet.

Nach ersten Eindrücken und Besichtigungen beginnt dann die schwierige Phase des Preis-Leistungs-Vergleichs. Grundlage dafür ist die Bau- und Leistungsbeschreibung des Fertighauses. Wenn Sie daran Dinge ändern wollen, müssen Sie diese erst Ihren Wünschen anpassen und anschließend den Festpreis neu ermitteln lassen.

Falls Sie kostensparend bauen wollen, sehen Sie sich vor dem Vertragsabschluss die Grundausstattung an und überlegen Sie genau, was Sie brauchen und worauf Sie verzichten können. Können Sie beispielsweise auf einen Balkon verzichten, wenn Terrasse und Garten vorhanden sind? Sie können im Obergeschoss zum Beispiel auch Fenstertüren einsetzen und durch ein Stahlgitter absichern. Dann haben Sie später immer noch die Möglichkeit, einen Balkon außen vorzusetzen. Erker und Gauben sind teuer und deren Wärmedämmung noch mehr. Auch ist eine Klinkerfassade in der Regel teurer als eine Putzfassade. Möglicherweise könnten Sie auch auf den Keller verzichten und statt einer Garage einen Carport wählen.

### Was gehört zur Grundausstattung?

Es ist beim Fertighauskauf gängige Praxis, dass der Anbieter mit Ihnen erst den Vertrag über die Grundausstattung abschließt und dann einige Monate vor der Errichtung des Hauses die endgültige Ausstattung detailliert festlegt. In einem großen Baumarkt oder im firmeneigenen Ausstattungszentrum werden Ihnen dann bei der sogenannten Bemusterung die zur Grundausstattung gehörenden Ausstattungsleistungen gezeigt. Dazu gehören beispielsweise Heizkörper, Steckdosen, Türen und Fußbodenbeläge mit allen lieferbaren Varianten und auch qualitativ höherwertigen Alternativen, die Sie gegen Aufpreis bekommen.

→ **TIPP**

**Wenn Sie kostensparend bauen wollen, sehen Sie sich schon vor dem Vertragsabschluss die Grundausstattung an. Überlegen Sie dann, was Sie brauchen, und führen Sie die Bemusterung vor dem Vertragsabschluss durch. Ihr Vorteil: So haben Sie bessere Verhandlungschancen.**

Fertighäuser werden nicht nur zum Einzug „fertig“, sondern auch in einer Vielzahl von Ausbaustufen angeboten, da Interessierte oft über Eigenleistungen den Hauspreis reduzieren und Kosten sparen wollen. Fragen Sie deshalb auf jeden Fall bei den Hausanbietern nach, welche Leistungen zur Fertigstellung noch fehlen.

Bei manchen Anbietern sind eigentlich selbstverständliche Bauelemente wie Rollläden, Bodenbeläge oder Heizkessel nicht im Festpreis inbegriffen. Beim Vergleich mit echten Komplettangeboten müssen solche Kosten, die schnell einen mittleren fünfstelligen Bereich erreichen können, dazugerechnet werden. Der sogenannte Festpreis beim schlüsselfertigen Bauen ist oft Augenwischerei, da durch Sonderleistungen viele Kosten hinzukommen. Gerade über den sogenannten Festpreis und die darin nicht enthaltenen Leistungen vergrößert der Anbieter seinen Gewinn.

### Wie lange gelten Festpreise?

Die Festpreise von Fertighäusern gelten häufig nicht für einen unbegrenzten Zeitraum. Je nach Fertighausanbieter enthalten die Verträge Festpreisgarantien mit sehr unterschiedlicher Dauer. Manche Anbieter sichern den Festpreis für 6 Monate zu, andere für 9, 12, 13 oder auch 16 Monate. Da kann es in der Praxis eng werden, wenn der Bau des Kellers, die Montage des Hauses und der Innenausbau nicht reibungslos ablaufen. Immerhin vergehen schon einmal bis zu drei Monate, bis die Baugenehmigung erteilt ist und der Beginn der Erdarbeiten erfolgen kann.

Über den Beginn und das Ende der Frist finden sich in den Verträgen der Fertighausanbieter zum Teil ziemlich ungenaue Angaben, wie zum Beispiel „ab Vertragsunterzeichnung“, „ab Baubeginn“, „bis Bauende“ oder „für die Bauzeit“. In anderen Klauseln stoßen Sie möglicherweise auf sogenannte Preiserhöhungsvorbehalte. Diese sehen vor, dass der Hausanbieter trotz Festpreisbindung unter bestimmten Umständen – wie zum Beispiel der gesetzlichen Erhöhung der Mehrwertsteuer – den Hauspreis erhöhen kann.

Einige Firmen knüpfen den Festpreis auch an Vorleistungen von Ihnen als Käuferin oder Käufer. Das heißt, sie bieten Ihnen unter der Voraussetzung, dass der Bauantrag innerhalb einer bestimmten Frist vorbereitet ist, einen Festpreis für die Dauer von beispielsweise zwölf Monaten an.

Angemessen ist nur eine Festpreisdauer, die bis zur Abnahme des Hauses gilt. Falls sich diese Regelung nicht durchsetzen lässt, sollten Sie als Mindestfrist 15 Monate vereinbaren. Achten Sie darauf, dass im Vertrag auch festgelegt ist, wie viel Sie als Käuferin oder Käufer maximal zahlen müssen, wenn die Festpreisdauer überschritten wird, und ob Sie von einer definierten, unzumutbaren Preiserhöhung an ein Rücktrittsrecht haben.

**Festpreis ab „Oberkante Kellerdecke"**

Häufig gilt für Fertighäuser in Holzbauweise der Festpreis ab „Oberkante Kellerdecke". Das bedeutet, das Fertighaus wird weder mit Bodenplatte noch mit Keller angeboten. Sie als Käufer oder Käuferin müssen dann diese Leistung separat in Auftrag geben. Sie müssen also fast immer abwägen, ob Sie einen Keller oder nur eine Bodenplatte wollen. Dazu müssen Sie nicht nur die Kostendifferenz ermitteln, sondern auch klären, ob Sie Keller oder Bodenplatte selbst, in Eigenregie oder vom Fertighausanbieter errichten lassen.

Einige Hausanbieter haben den Bau des Kellers oder der Bodenplatte gegen Aufpreis in ihrem Programm. In anderen Fällen bieten sie die technischen Merkblätter für die Bauausführung an, die Sie dann dem Vertrag mit der Kellerbaufirma zugrunde legen sollten. Natürlich können Sie diese Leistungen von der Architektin oder dem Bauingenieur erbringen lassen, die oder der auch den Bauantrag für Sie gestellt hat.

Wenn Sie den Keller von einem anderen Anbieter bauen lassen, denken Sie daran, dass dann zwei Unternehmen separate Gebäudeteile liefern, die auf der Baustelle erst zusammengefügt werden. Deshalb müssen sie genau aufeinander abgestimmt sein. Höhen- und Längendifferenzen des Kellers oder der Bodenplatte dürfen zumeist nur wenige Millimeter betragen, die im Keller untergebrachten haustechnischen Anschlüsse müssen nach Art und Lage der im Haus eingebauten sanitär-, elektro- und heizungstechnischen Anlagen übereinstimmen. Schließlich müssen auch Schornstein- und Deckendurchbrüche sowie -aussparungen passgenau stehen, und die Wandübergänge an der Kellerinnentreppe dürfen nicht hervortreten. Diese Anforderungen sollten Sie unbedingt mit beiden Unternehmen vertraglich festlegen.

→ **TIPP**

**Auch wenn es im Vergleich zu einem günstigen Fertigkeller deutlich teurer ist, ist es oft sinnvoller, auch den Keller vom Fertighaushersteller errichten zu lassen. Gibt es Probleme mit Terminen oder Maßen, haben Sie einen einzigen Ansprechpartner und können verhindern, dass sich Fertighaus- und Kellerhersteller auf Ihre Kosten gegenseitig die Schuld in die Schuhe schieben wollen.**

Zu den Leistungen, die im Zusammenhang mit der Gründung des Hauses und der Schnittstelle zwischen Keller und Haus im Festpreis ab Oberkante Kellerdecke nicht oder nicht immer enthalten sind, gehören:

→ Herrichten der Baustelle
→ Ausheben der Baugrube
→ Abtransport und Deponierung des Erdaushubs
→ Gründung (Fundamente oder Bodenplatte)
→ Bau des gesamten Kellers und der Kellerdecke
→ Kelleraußen- und -innentreppe
→ sämtliche Hausanschlüsse für Gas, Strom, Wasser und Telefon
→ Elektroinstallationen und Wasseranschluss im Keller
→ Leitungsführung von den Gas-, Wasser- und Strom-Hausanschlüssen zum Zählerkasten im Erdgeschoss oder zur Heizungsanlage, falls sich Hausanschlüsse und Heizung im Keller befinden

### Die Auswahl des Anbieters

Bei der Auswahl des Anbieters sollten Sie sowohl auf die Vertragsgestaltung als auch auf die Bauqualität achten. Während bei der Gewährleistung die einheitliche Frist für Bauverträge von fünf Jahren gilt, kann es bei den Zahlungsmodalitäten große Unterschiede geben. Manche Anbieter verlangen nur minimale Anzahlungen und stellen den Löwenanteil erst nach Montage oder Innenausbau in Rechnung, während andere Firmen einen großen Teil des Kaufpreises gleich am ersten Aufstellungstag einsacken. Ideal für Sie als Bauherr oder Bauherrin ist es, wenn nach dem Prinzip „erst die Leistung, dann das Geld", das heißt nach Baufortschritt, abgerechnet wird und mindestens 3 Prozent der Bausumme bis zur Endabnahme als Pfand für eventuelle Reklamationen einbehalten werden dürfen.

→ **TIPP**

**Wenn Vorauszahlungen zu leisten sind, sollten sie auf jeden Fall über eine Bankbürgschaft oder über eine Fertigstellungsversicherung abgesichert sein. Sonst wäre im Fall einer Pleite des Fertighausanbieters Ihre Anzahlung unwiederbringlich verloren.**

VORTEILE UND NACHTEILE

### Vorteile Fertigbau

- kurze Bauzeit
- strenge Qualitätskontrollen bei hochwertigen Herstellern
- hoher Standard bei der Wärmedämmung
- geringerer zeitlicher Aufwand für den Bauherrn

### Nachteile Fertigbau

- eingeschränkter Gestaltungsspielraum
- nachteilige Vertragsklauseln für den Bauherrn bei manchen Anbietern
- Mängelrisiken beim Übergang zwischen Keller und Haus

Beim Besuch einer der vielen Musterhausausstellungen im ganzen Bundesgebiet können Sie sich darüber informieren, wie die Angaben aus der Baubeschreibung in die Praxis umgesetzt werden. Darüber hinaus ist es ratsam, vor der Entscheidung Referenzen anzufordern – bekanntermaßen sind zufriedene Kunden ein zuverlässigerer Qualitätsbeweis als blumige Werbeprospekte. Eine weitere Möglichkeit, sich von der Qualität des Herstellers zu überzeugen, bietet ein Besuch der Fertigungsstätte oder einer Baustelle. Solch eine Besichtigung ist für den Kunden sehr aufschlussreich – und ein seriöser Hersteller lässt sich beim Bauen auch gern über die Schulter schauen.

Um Bauherren und Bauherrinnen Orientierung bei der Qualität zu geben, haben die Verbände der Fertighausanbieter Gütesiegel geschaffen, mit denen die Einhaltung von bautechnischen Mindeststandards gesichert werden soll. Dies sind die gängigen Gütesiegel:

→ **QDF.** Die „Qualitätsgemeinschaft Deutscher Fertigbau" (QDF) überprüft die Mitglieder des Bundesverbands Deutscher Fertigbau bei Planung und Herstellung. Die Anforderungen sind unter anderem: Überwachung von Fabrik und Baustelle, Vermeidung von umwelt- und gesundheitsschädigenden Baustoffen, Mindeststandards bei Wärme- und Schallschutz. Eine Ombudsstelle bietet Bauherrinnen und Bauherren die Möglichkeit, Streitigkeiten kostenlos schlichten zu lassen. Die Entscheidung ist für den Hersteller bindend, der Kunde kann im Zweifelsfall immer noch den Rechtsweg beschreiten.

- **RAL.** Die Bundes-Gütegemeinschaft Montagebau und Fertighäuser (BMF) überprüft die Qualität nach dem bundesweit anerkannten RAL-Standard für Holzbauteile, dessen Kriterien vom Deutschen Institut für Gütesicherung und Kennzeichnung entwickelt und geprüft werden. Allerdings werden nur die Fabriken, nicht aber die Baustellen kontrolliert.
- **GÜF.** Die Gütegemeinschaft Fertigkeller (GÜF) sichert ihren Kunden und Kundinnen kontrollierte Bauqualität nach den RAL-Standards für den Betonbau zu.

## Bei Terminverzögerungen und Mängeln richtig reagieren

Ob Architekten- oder Fertighaus: Terminverzögerungen beim Bauen sind nicht nur ärgerlich, sondern auch teuer. Denn wenn Sie zur Miete wohnen, ist die Folge, dass Sie über einen längeren Zeitraum als geplant die Doppelbelastung aus Miet- und Zinszahlung verkraften müssen. Natürlich ist beim gesamten Bauprojekt eine Terminüberschreitung um zwei oder drei Wochen nicht tragisch – aber wenn sich die Monate summieren, wird es ernst.

Das Problem beim Bauen liegt darin, dass die einzelnen Handwerkerleistungen wie Zahnräder ineinandergreifen. Damit blockiert ein unzuverlässiger Dienstleister unter Umständen eine ganze Reihe von Folgearbeiten. Verspätet sich der Installateur, können weder Stuckateurin noch Estrichleger mit ihrer Arbeit pünktlich beginnen, ganz zu schweigen von den am Innenausbau beteiligten Handwerksbetrieben.

Sie sollten bei Vertragsabschluss daher unbedingt die pünktliche Fertigstellung sichern. Ein probates Mittel hierzu ist die Vereinbarung eines datumsmäßig bestimmten Fertigstellungstermins mit Vertragsstrafe bei Nichteinhaltung. Der Vorteil für Sie als Kunde oder Kundin ist, dass Sie die sonst erforderliche Prozedur mit Mahnung, Fristsetzung und Nachweis des entstandenen Schadens umgehen können. Wer seine Arbeit nicht pünktlich abschließt, muss eben bezahlen – und zwar für jeden Tag oder jede Woche Verspätung einen vorher vereinbarten festen Betrag. Voraussetzung dafür ist, dass die Vertragsstrafe ausdrücklich im Vertrag vereinbart ist und dass als Fertigstellungstermin ein festes Fertigstellungsdatum fixiert wird.

Auch beim schlüsselfertigen Bauen oder beim Kauf eines Fertighauses sollten Sie auf eine solche Regelung im Vertrag achten. Weil der Bauträger oder Hauslieferant Ihr einziger Ansprechpartner ist, beziehen sich die Fixtermine in solchen Fällen auf die Fertigstellung des Hauses. Das Fertigstellungsdatum wird vorab verbindlich festgelegt, und mit jedem Monat Verzögerung ist automatisch ein genau definierter Preisnachlass verbunden.

Solche Vereinbarungen sind nur wirksam, wenn sie fester Bestandteil des Vertrags sind. Beim Kauf eines Fertighauses oder beim Vertrag mit einem Generalunternehmer gehört diese Klausel in den schriftlichen Werkvertrag, beim schlüsselfertigen Kauf vom Bauträger muss sie sogar im notariellen Kaufvertrag festgehalten werden.

Der zweite Knackpunkt beim Bauen ist die Qualität. Jahr für Jahr entstehen Milliardenschäden durch Pfusch am Bau – und längst nicht immer bekommt der geschädigte Bauherr oder die geschädigte Bauherrin Recht. Wenn Beweise fehlen oder Mängel nicht rechtzeitig reklamiert werden, kann Ihr Anspruch auf kostenlose Mängelbehebung unter Umständen verloren gehen.

Der Dreh- und Angelpunkt für Reklamationen liegt in der Abnahme. Abnahme bedeutet, dass Sie die erbrachten Leistungen prüfen und als „im Wesentlichen vertragsgerecht" anerkennen und entgegennehmen. Bis zur Bauabnahme befinden Sie sich nämlich in einer sicheren Rechtsposition: Bevor die Handwerksleistung nicht ordnungsgemäß erbracht ist, kann der Auftragnehmer oder Hausverkäufer kein Geld von Ihnen verlangen. Den Nachweis, dass seine Arbeit tatsächlich dem üblichen Qualitätsstandard entspricht, hat bis zur Abnahme im Streitfall der Handwerksbetrieb zu erbringen.

Doch mit der Abnahme dreht sich der juristische Spieß zum Nachteil des Kunden oder der Kundin um. Ab diesem Zeitpunkt beginnt nicht nur die Gewährleistungsfrist zu laufen, die bei Arbeiten an Bauwerken fünf Jahre und bei Verträgen nach der Vergabe- und Vertragsordnung für Bauleistungen (VOB) vier Jahre beträgt. Kommt es zum Rechtsstreit, dann müssen Sie beweisen, dass der Handwerker oder die Handwerkerin geschlampt hat – und das kann schwierig werden, wenn Mängel nicht im Abnahmeprotokoll festgehalten werden.

> BEISPIEL
>
> **Verlorene Ansprüche bei übersehenen Mängeln**
>
> Wenn Sie bei der Abnahme Schmutzflecken an den Wänden übersehen, haben Sie bei der Reklamation schlechte Karten – der Handwerker kann sich auf das Abnahmeprotokoll berufen und behaupten, Sie hätten die Verschmutzungen nach der Übergabe selbst verursacht.

Wenn Sie sich vor dem Verlust von Gewährleistungsansprüchen schützen wollen, sollten Sie deshalb die Abnahme gründlich vorbereiten und die abzunehmenden Handwerkerarbeiten in aller Ruhe unter die Lupe nehmen. So ist es sinnvoll, schon am Tag vor dem eigentlichen Abnahmetermin einen Rundgang durch die Wohnung oder das

WICHTIG

### Anspruch auf Vertragsstrafe protokollieren

Besteht wegen Terminverzugs gegenüber dem Bauunternehmen noch Anspruch auf eine Vertragsstrafe, muss dieser Vorbehalt unbedingt im Protokoll erwähnt werden. Mit der Abnahme erkennen Sie nämlich alle Leistungen an und verzichten auf Forderungen, die vor der Abnahme entstanden sind. Wird dann nicht ausdrücklich darauf hingewiesen, dass die Vertragsstrafe trotz Abnahme fällig wird, kann sie vor Gericht nicht mehr eingeklagt werden. Bei wesentlichen Mängeln können Sie die Abnahme verweigern und Ihrem Vertragspartner eine angemessene Frist zur Mängelbeseitigung setzen.

Haus zu machen, die Maße nachzuprüfen und eventuelle Mängel vorab schriftlich festzuhalten. Dabei sollten Sie sich Zeit nehmen, um in aller Ruhe die Arbeiten sorgfältig prüfen zu können.

→ **TIPP**

**Beim Abnahmetermin sollten Sie die Abendstunden meiden, weil bei fehlendem Tageslicht Mängel oft nicht erkennbar sind. Auf jeden Fall sollten Sie eine leistungsstarke Lampe mitnehmen, um auch in den Kellerräumen und innen liegenden Räumen ohne Fenster gute Lichtverhältnisse zu schaffen.**

Suchen Sie nicht nur nach Baumängeln, sondern untersuchen Sie auch die Funktionstüchtigkeit der Bauteile und haustechnischen Anlagen. Lassen sich zum Beispiel Fenster und Türen richtig schließen, funktioniert die Heizung, läuft das Wasser ab? Gegebenenfalls sollten Sie auch eine Fachkraft wie zum Beispiel den Architekten oder die Architektin als Begleiter mit auf die Baustelle nehmen. Das kostet zwar ein zusätzliches Honorar, aber diese Kosten sind überschaubar und schützen Sie vor Schwierigkeiten bei der Baustellenabnahme.

Im Abnahmeprotokoll oder auf einer gesonderten Mängelliste werden dann alle Mängel schriftlich festgehalten – auch diejenigen, die Ihr Vertragspartner möglicherweise zunächst nicht als Mangel anerkennen will.

→ **TIPP**

**Hilfreiche Dienste in Sachen Beweissicherung leisten Fotos. Mit einer Digitalkamera oder der Smartphone-Kamera lassen sich offensichtliche Mängel sofort im Bild festhalten. In einem etwaigen Gerichtsverfahren werden Fotos je-**

**doch nicht als Beweismittel anerkannt. Stehen schwere Mängel zur Diskussion, ist die Hinzuziehung eines Sachverständigen zu empfehlen.**

Gab es schon während der Bauphase Qualitätsprobleme, empfiehlt es sich ebenfalls, zur Abnahme einen neutralen Bausachverständigen hinzuzuziehen. Entsprechende Adressen können Sie in der Regel über die örtliche Industrie- und Handelskammer erfragen.

Auch wenn nach der Abnahme Mängel auftreten, können Sie diese gegenüber dem Handwerker oder Bauträger reklamieren. Wichtig dabei ist jedoch, dass die Reklamation direkt nach der Entdeckung des Fehlers erfolgt. Wer sich dabei zu viel Zeit lässt, muss unter Umständen einen Teil der Reparaturen selbst tragen. Das kann beispielsweise der Fall sein, wenn eine undichte Stelle im Dach erst Monate nach dem Auftreten der ersten Wasserflecken an der Zimmerdecke beanstandet wird und aufgrund der Verzögerung zusätzliche Reparaturarbeiten erforderlich sind.

Die schnelle Behebung von Fehlern liegt ja auch in Ihrem Interesse als Bauherrin oder Käufer – und deshalb sollte schnell und auf jeden Fall schriftlich reklamiert werden. Zunächst einmal haben Sie als Kundin oder Kunde einen Anspruch auf Nachbesserung und der Unternehmer hat das Recht zur Nachbesserung seiner Leistung. Das bedeutet: Sie müssen dem Auftragnehmer eine angemessene Frist einräumen, innerhalb deren der genau zu beschreibende Mangel beseitigt werden muss.

Ist die Frist abgelaufen, können Sie den Vertrag aus wichtigem Grund kündigen und dann einen anderen Handwerksbetrieb mit der Beseitigung des Mangels beauftragen. Die daraus entstehenden Kosten dürfen dann dem ursprünglichen Auftragnehmer in Rechnung gestellt werden. Allerdings gilt: Die Selbstabhilfe ist erst möglich, wenn der Handwerker auf die Reklamation innerhalb der gesetzten angemessenen Frist nicht reagiert und Sie den Vertrag aus wichtigem Grund gekündigt haben. Nach Paragraf 648a Absatz 1 Satz 2 BGB liegt ein wichtiger Grund vor, wenn dem kündigenden Teil unter Berücksichtigung aller Umstände des Einzelfalls und unter Abwägung der beiderseitigen Interessen die Fortsetzung des Vertragsverhältnisses bis zur Fertigstellung des Werkes nicht zugemutet werden kann.

**→ TIPP**

**Wenn Sie schon bei der Reklamation ein konkretes Datum als Fristablauf angeben und bei Nichteinhaltung Kündigung und Ersatzvornahme androhen, haben Sie bessere Karten als diejenigen, die den Handwerksbetrieb lediglich auf den Fehler hinweisen.**

Bis zur erfolgten Nachbesserung dürfen Sie von der Rechnung das Zwei- bis Dreifache dessen zurückhalten, was die Mängelbeseitigung voraussichtlich kosten wird. Diese Grenze sollten Sie auch einhalten – denn wenn Sie den kompletten Rechnungsbetrag zurückhalten, darf der Auftragnehmer nach Überschreiten der Zahlungsfrist für den unberechtigt einbehaltenen Anteil Verzugszinsen in Rechnung stellen.

# Kauf eines schlüsselfertigen Hauses vom Bauträger

**Bauträger bieten schlüsselfertige Häuser mitsamt dem dazugehörigen Grundstück an. Vor allem bei Reihenhäusern und Doppelhaushälften ist diese Form des Bauens beliebt. Im Vergleich zum Bauen in Eigenregie oder zum Kauf eines Fertighauses sollten Sie einige Besonderheiten beachten.**

Der Kauf vom Bauträger verkörpert – zumindest in der Werbung der Anbieter – sozusagen ein Rundum-sorglos-Paket: Die Planung steht bereits, die Baugenehmigung ist erteilt, und der schlüsselfertige Festpreis steht auch schon fest. Der wichtigste Unterschied zu den im vorhergehenden Kapitel beschriebenen Varianten besteht darin, dass Sie das Grundstück nicht selbst erwerben, sondern dass dieses im Festpreis enthalten ist.

## Abwicklung von Kauf und Zahlung

Wenn Sie ein Fertighaus erwerben oder einen Generalunternehmer mit dem Bau eines Hauses auf Ihrem Grundstück beauftragen, schließen Sie einen Werkvertrag ab, der nicht von einem Notar beurkundet wird. Anders hingegen beim Kauf eines Hauses vom Bauträger: Hier schließen Sie den Vertrag beim Notar ab, da Grundstückserwerb und Bauvertrag eine Einheit bilden.

Der Bauträger muss sich an die Makler- und Bauträgerverordnung halten und darf nur Zug um Zug nach Baufortschritt abrechnen. Dabei kann er maximal 30 Prozent der

BEISPIEL

### Zahlungsplan eines Bauträgers

Ein Bauträger kann die Raten beispielsweise wie folgt aufteilen:

- 30 Prozent nach Beginn der Erdarbeiten
- 28 Prozent nach Rohbaufertigstellung inklusive Zimmerarbeiten
- 11 Prozent nach Fertigstellung des Dachs und der Rohinstallation von Heizung, Sanitär und Elektro
- 7 Prozent nach Einbau der Fenster einschließlich Verglasung
- 11 Prozent nach Fertigstellung der Fassade und Abschluss der Estrich- und Fliesenarbeiten im Sanitärbereich sowie Innenputz
- 8 Prozent nach Bezugsfertigkeit
- 5 Prozent nach vollständiger Fertigstellung

Gesamtsumme nach Beginn der Erdarbeiten verlangen. Bei einem Erbbau-Grundstück reduziert sich der Anteil auf 20 Prozent. Die verbleibende Summe darf anhand der im Folgenden aufgeführten Anteile nach Baufortschritt abgerechnet werden. Insgesamt darf der Bauträger den Kaufpreis auf maximal sieben Raten aufteilen.

- Fertigstellung Rohbau einschließlich Zimmerarbeiten: 40 Prozent
- Herstellung der Dachflächen und Dachrinnen: 8 Prozent
- Rohinstallation der Heizung: 3 Prozent
- Rohinstallation der Sanitäranlagen: 3 Prozent
- Rohinstallation der Elektroanlagen: 3 Prozent
- Fenstereinbau einschließlich Verglasung: 10 Prozent
- Innenputz ohne Beiputzarbeiten: 6 Prozent
- Estrich: 3 Prozent
- Fliesenarbeiten im Sanitärbereich: 4 Prozent
- nach Bezugsfertigkeit Zug um Zug gegen Übergabe: 12 Prozent
- Fertigstellung Fassade: 3 Prozent
- nach vollständiger Fertigstellung: 5 Prozent

## Anbieter und Angebot prüfen

Für die meisten Bauherren und Bauherrinnen dürfte der Bauträger unter finanziellen Gesichtspunkten der wichtigste Geschäftspartner sein. Aus dem Vertrag resultiert nicht nur im günstigen Fall das lang ersehnte Traumhaus, sondern auch eine hohe finanzielle Verpflichtung, die im Zuge der Baufinanzierung oft über Jahrzehnte abgestottert wird. Angesichts dieser Tragweite sollten Sie sowohl den Bauträger selbst als auch sein Angebot mit größtmöglicher Sorgfalt unter die Lupe nehmen.

## Seriosität des Anbieters prüfen

Der Bauträger selbst muss nicht unbedingt vom Fach sein – er hat gemäß Makler- und Bauträgerverordnung lediglich nachzuweisen, dass er in geordneten Verhältnissen lebt und nicht vorbestraft ist. Die bautechnische Qualifikation wird leider nicht geprüft, und so tummeln sich so manche fragwürdige Anbieter am Markt. Weil Sie auf die Auswahl der Handwerker keinerlei Einfluss haben und bei Reklamationen der Bauträger Ihr alleiniger Ansprechpartner ist, steht und fällt der Erfolg des Erwerbs beim Bauträger mit dessen Zuverlässigkeit und Qualifikation. Lassen Sie sich Referenzobjekte nennen und holen Sie darüber so viele Informationen ein wie möglich.

Auch hier gilt die Devise, dass Ihr Eigenheim nicht für Experimente herhalten sollte. Setzen Sie lieber auf bewährte und bekannte Bauträger, die ihre Qualität schon unter Beweis gestellt haben, als auf Neulinge mit scheinbar verlockenden Konzepten. Es ist nämlich schon allzu oft vorgekommen, dass nach kurzem Intermezzo ein neuer und unerfahrener Bauträger wieder vom Markt verschwunden ist und als „Altlast" verärgerte Bauherren auf dem von ihm verursachten Pfusch sitzen ließ.

## Baubeschreibung und Vertrag

Mit der Baubeschreibung möchte der Bauträger zweierlei erreichen: Zum einen soll die Beschreibung das Bauprojekt in möglichst gutem Licht erscheinen lassen und Kaufinteressentinnen und Kaufinteressenten Appetit auf den Erwerb machen – und zum anderen ist das Dokument eine wichtige Grundlage für den Abschluss des Kaufvertrags, weil darin die Leistungen und Pflichten des Bauträgers dokumentiert werden. Gesetzliche Vorgaben zu den konkreten Informationen finden sich im Einführungsgesetz zum BGB in Artikel 249. Die Aussagen, über die zu informieren sind, beziehen sich auf die folgenden Vorgaben:

→ allgemeine Beschreibung des herzustellenden Gebäudes oder der vorzunehmenden Umbauten, gegebenenfalls Haustyp und Bauweise
→ Art und Umfang der angebotenen Leistungen, gegebenenfalls der Planung und der Bauleistung, der Arbeiten am Grundstück und der Baustelleneinrichtung sowie der Ausbaustufe
→ Gebäudedaten, Pläne mit Raum- und Flächenangaben sowie Ansichten, Grundrisse und Schnitte
→ gegebenenfalls Angaben zum Energie-, zum Brandschutz- und zum Schallschutzstandard sowie zur Bauphysik

- Angaben zur Beschreibung der Baukonstruktionen aller wesentlichen Gewerke
- gegebenenfalls Beschreibung des Innenausbaus
- gegebenenfalls Beschreibung der gebäudetechnischen Anlagen
- Angaben zu Qualitätsmerkmalen, denen das Gebäude oder der Umbau genügen muss
- gegebenenfalls Beschreibung der Sanitärobjekte, der Armaturen, der Elektroanlagen, der Installationen, der Informationstechnologie und der Außenanlagen

Generell sollten Sie davon ausgehen, dass Sie auf Leistungen, die nicht in der Baubeschreibung aufgeführt werden, keinen Anspruch haben. Und: Wenn die Baubeschreibung dehnbare Klauseln enthält, wird ein kaufmännisch denkender Bauträger aller Wahrscheinlichkeit nach die Inhalte so auslegen, dass er möglichst wenig Geld für die beschriebene Bauleistung ausgeben muss.

Wenn es um die verwendeten Materialien und Produkte geht, enthalten gute Baubeschreibungen klare Fakten statt ungefährer Bezeichnungen. Beispiel Bodenbelag: Hier lässt die „gehobene Kategorie" weitaus mehr Interpretationsspielraum als das „Massivholzparkett in Eiche hell" vom namentlich genannten Hersteller. Bei den Steckdosen lohnt es sich überdies, konkrete Zahlen pro Raum in die Baubeschreibung mit aufzunehmen, um hohe Mehrkosten für nachträgliche Installationen zu vermeiden.

**→ TIPP**

**Viele Bauträger bieten eine Vorbemusterung für die Innenausstattung an. Damit können Sie sich vor dem Vertragsabschluss darüber informieren, welche konkreten Produkte zur Standardausstattung zählen und wie hoch der Aufpreis für Extras ausfällt. Vor allem bei Bodenbelägen, Fliesen, Türen und Sanitärausstattung hilft die Vorbemusterung bei der Auswahl und der Errechnung eventueller Zusatzkosten für höherwertige Produkte. Achten Sie darauf, dass die ausgewählten Produkte später in der zum Kaufvertrag gehörenden Baubeschreibung auch konkret aufgeführt sind.**

Beim Vertragsabschluss bekommen Sie im Regelfall einen Vertrag vorgelegt, den entweder der Bauträger selbst oder dessen Notar vorgefertigt hat. Dies ist kein unlauteres Vorgehen – doch naturgemäß sind in solchen Fällen einzelne Klauseln oft so formuliert, dass sie dem Bauträger eine möglichst günstige Position verschaffen. Daher ist es ratsam, den Vertrag vor der Unterzeichnung entweder selbst zu prüfen oder von einem

Experten oder einer Expertin in Augenschein nehmen zu lassen. Einzelne Verbraucherzentralen bieten solch eine Vertragsprüfung an (→ Seite 201). Achten Sie dabei vor allem auf die nachfolgend beschriebenen Punkte, die für eine kundenfreundliche Vertragsgestaltung maßgebend sind:

→ **Vollständige Baubeschreibung.** Aus der Baubeschreibung sollte unbedingt klar hervorgehen, welche Materialien und Produkte zum Einsatz kommen, nach welchen Standards und Normen das Gebäude errichtet wird und ob die Kriterien eines KfW-Effizienzhauses inklusive Nachweis durch einen Gutachter erfüllt werden. Wichtig ist auch eine präzise Bemaßung des Gebäudes: Wohn- und Nutzfläche sollten auf jeden Fall genau und nicht mit Circa-Werten angegeben werden.

→ **Bürgschaft oder Versicherung.** Optimalen Schutz in der Bauphase und auch danach bieten Ihnen zusätzliche Bürgschaften oder Versicherungen, mit denen die Fertigstellung und im Idealfall auch mögliche spätere Gewährleistungsanspruche vor einer Bauträgerinsolvenz geschützt werden.

→ **Terminabsicherung.** Ihren Einzugstermin können Sie zumindest finanziell absichern, indem Sie mit dem Bauträger vereinbaren, dass beim Überschreiten der zugesagten Bauzeit eine Vertragsstrafe fällig wird. Üblich ist es in solchen Fällen, dass ein bestimmter Geldbetrag für jeden Verspätungsmonat anfällt.

→ **TIPP Externe Vertragsprüfung**
Wenn Sie sich nicht zutrauen, den Vertrag in Eigenregie unter die Lupe zu nehmen, sollten Sie sich externe Hilfe suchen. Für solche Fälle bieten unter anderem Bauherrenberater und -beraterinnen ihre Dienste an. Bei diesen Fachleuten handelt es sich meist um Bauingenieure, Architekten oder Immobiliengutachterinnen, die gegen Zahlung eines Honorars die Verträge auf Herz und Nieren prüfen.
Auch von einem Rechtsanwalt oder einer Rechtsanwältin – vorzugsweise mit Schwerpunkt Bau- und Architektenrecht – können Sie gegen Zahlung eines Honorars den Vertrag prüfen lassen und, soweit erforderlich, Änderungen vornehmen lassen.

## Mögliche Kostenfallen

Auch wenn mit dem Bauträger ein Festpreis vereinbart worden ist, können im Nachhinein zusätzliche Kosten anfallen. Die Ursache dafür kann nicht nur beim Bauträger liegen, sondern unter Umständen auch beim Bauherrn oder bei der Bauherrin.

### Fehlende Leistungen im Vertrag

Im Endpreis sollten wirklich alle Leistungen enthalten sein. Ein wichtiger Posten sind die Außenanlagen. Leistungen wie die Pflasterung der Garageneinfahrt, das Anlegen von Treppen und Zugangswegen zur Haustür oder der Bau von Stützmauern sollten unbedingt im Leistungspaket enthalten sein, da sonst im Nachhinein hohe zusätzliche Kosten auf Sie zukommen können. Insbesondere bei Hanggrundstücken kann es teuer werden, wenn Sie solche Arbeiten nach Fertigstellung aus eigener Tasche bezahlen müssen.

Achten Sie auch auf weniger offensichtliche Details wie etwa die Kosten für den Anschluss an das Abwassernetz oder die vollständige Entsorgung des Erdaushubs. Vor allem bei der Entsorgung des Aushubs können Kostenfallen lauern, aber auch bei scheinbaren Kleinigkeiten wie dem Baustrom. Steht etwa in der Baubeschreibung, dass der Bauträger den Baustrom bis zu einer bestimmten Verbrauchsgrenze übernimmt, heißt das im Klartext: Für den Rest muss die Käuferin oder der Käufer aufkommen.

### Sonderwünsche und nachträgliche Änderungen

Wenn Sie ein Haus vom Bauträger erwerben, haben Sie während der Bauphase die Möglichkeit, das eine oder andere Detail zu ändern. Allerdings sind Änderungen nur in begrenztem Umfang möglich, weil sich genehmigungsrelevante Merkmale wie Grundfläche, Gebäudehöhe oder Dachneigung nicht ohne einen neuen Genehmigungsantrag verändern lassen. Bei der Verschiebung von Innenwänden wiederum sind Vorgaben des Statikers zu beachten, wenn es sich um tragende Wände handelt.

Auf jeden Fall sind Änderungen während der Bauphase mit zusätzlichen Kosten verbunden. Diese sind meist überschaubar, wenn es um Kleinigkeiten wie eine andere Fliesenfarbe im Bad oder ein paar zusätzliche Steckdosen geht. Gravierendere Änderungen wie die Umgestaltung von Sanitäranschlüssen oder der Einbau zusätzlicher Fenster sind hingegen zumeist mit hohen Kostenaufschlägen verbunden. Darüber hinaus können sich Verzögerungen bei der Fertigstellung ergeben, wenn Sie die Änderungswünsche nicht so frühzeitig äußern, dass sie der Bauträger problemlos in den Arbeitsablauf integrieren kann.

## Bauüberwachung und Bauabnahme

Die Übertragung des Immobilieneigentums an den Käufer erfolgt beim Bauen mit dem Bauträger im Regelfall mit der Zahlung der letzten Rate des Kaufpreises. Zwar wird üblicherweise die grundbuchrechtliche Auflassung – das ist die Eintragung des neuen Eigentümers ins Grundbuch – bereits im notariellen Kaufvertrag erklärt, allerdings wird deren Vollzug von der vollständigen Zahlung abhängig gemacht.

Damit befindet sich die Immobilie während der Bauphase im Eigentum des Bauträgers – und das wirkt sich auf die Bauüberwachung durch den Bauherrn oder die Bauherrin aus: Ohne die Erlaubnis oder Duldung des Bauträgers kann er oder sie den Rohbau nicht betreten, um die Fortschritte oder eventuelle Mängel in Augenschein zu nehmen. Bei einem guten Verhältnis zwischen beiden Parteien ist es normalerweise kein Problem, in regelmäßigen Abständen gemeinsame Baustellentermine zu vereinbaren. Doch es ist schon häufiger vorgekommen, dass Bauträger im Streitfall dem Bauherrn oder der Bauherrin den Zutritt zur Baustelle mit Verweis auf ihr Hausrecht verweigert haben. Dabei gibt es jedoch Einschränkungen: Ist die Ratenzahlung an die Fertigstellung bestimmter Gewerke gebunden, hat der Bauherr oder die Bauherrin das Recht, sich über die ordnungsgemäße Ausführung der Arbeiten zu vergewissern.

**→ TIPP**

**Wenn Sie vermeiden wollen, dass es zu Streitigkeiten mit dem Bauträger wegen Besichtigungen während der Bauphase kommt, sollten Sie ein Besichtigungsrecht in den Bauträgervertrag mit aufnehmen.**

Wenn die Bauarbeiten abgeschlossen sind und das Haus bezugsfertig ist, informiert der Bauträger die Bauherrin oder den Bauherrn, dass die Abnahme durchgeführt werden kann. Beide vereinbaren einen Termin, um das fertiggestellte Gebäude in Augenschein zu nehmen. Hier gelten die gleichen Grundregeln wie bei der Abnahme von Architekten- oder Fertighäusern (→ Seite 117).

# Gebrauchte Häuser: Fallen erkennen und vermeiden

**Bei gebrauchten Häusern ist die Bandbreite groß – sowohl in Bezug auf den Preis als auch auf den Zustand und die Bauqualität. Wer das Objekt vor dem Kauf sorgfältig prüft und gut verhandelt, kann im Vergleich zum Neubau viel Geld sparen. Doch es lauern auch Fallstricke, die Sie unbedingt kennen sollten, bevor Sie den Erwerb eines älteren Hauses in Betracht ziehen.**

Allein schon aus finanziellen Gründen ist der Altbau oft eine sinnvolle Alternative zum Bauen oder zum Kauf eines schlüsselfertigen neuen Hauses. Bei nicht allzu betagten Häusern, die gut gepflegt sind, kann bei fast vergleichbarem Instandhaltungsaufwand der Preisvorteil im Vergleich zum Neubau durchaus bei 10 oder 20 Prozent liegen.

Im günstigsten Fall brauchen Sie am Haus nicht viel zu verändern, wenn es bereits Ihrem Geschmack und Ihren Wohnbedürfnissen entspricht sowie Wärmedämmung und Heiztechnik auf dem aktuellen Stand sind. Dann genügt es, die Wände neu zu streichen und vielleicht ein paar Bodenbeläge auszutauschen. Haben Sie darüber hinaus noch das Glück, dass die Gartenarbeit zu den Lieblingsbeschäftigungen des Vorbesitzers zählte, bekommen Sie den schön angelegten und gepflegten Garten „frei Haus" geliefert, ohne dass Sie ihn in mühevoller Arbeit erst anlegen müssen.

Doch es gibt auch das andere Extrem. So mancher Altbau muss von Grund auf saniert werden, und am Ende hat das fertig renovierte Haus mit dem vorigen vielleicht nur noch ein paar tragende Wände gemeinsam. Solche Häuser sind zwar billig in der Anschaffung, aber beim Renovieren wird es umso teurer.

Ob Sie sich nun für ein gepflegtes Haus eher neueren Baujahrs oder für das Sanierungsabenteuer entscheiden: Wichtig ist, dass Sie vor dem Kauf gründlich kalkulieren, wie viel Arbeit und finanzieller Aufwand auf Sie zukommen können. Achten Sie daher schon bei der ersten Besichtigung auf Schwachstellen in der Bausubstanz.

## Die Besichtigung

Für die Beurteilung der Lage des Hauses gelten die gleichen Kriterien wie beim Neubau beschrieben (→ Seite 76). Beim Altbau gilt es, zusätzlich die Bausubstanz und den Grundriss des Hauses kritisch zu betrachten. Und vergessen Sie nicht, sich auch die Nachbarschaft persönlich anzuschauen. Wenn Sie den Eindruck gewinnen, dass Spannungen zwischen Ihnen und den Nachbarn vorprogrammiert sind, ist dies ein wichtiger Aspekt, den es bei der Kaufentscheidung zu berücksichtigen gilt.

Der wichtigste Rat lautet: Führen Sie niemals eine Altbaubesichtigung unter Zeitdruck durch. Wer genügend Zeit mitbringt und die Immobilie in aller Ruhe bei hellem Tageslicht gründlich unter die Lupe nimmt, hat die besten Chancen, Mängel und Schäden rechtzeitig zu entdecken und deren Beseitigung vor dem Kauf zu klären. Sie sollten die Besichtigung auf jeden Fall mit einer Fachkraft gemeinsam vornehmen, sobald es konkret wird.

### Außenanlagen, Fassade und Dach

Der erste Blick sollte gleich zu Beginn den Außenanlagen sowie der Substanz von Außenputz und Dach gelten. Hier können bereits Kostenfallen lauern, denn die Neuanlage von Wegen und Zufahrten kann unter Umständen ziemlich teuer werden.

Rissiger oder teilweise schon abgeblätterter Putz muss erneuert werden, bevor durch die eindringende Feuchtigkeit Schäden im Mauerwerk entstehen können. Oft sind Schäden am Putz auch ein Hinweis auf bereits bestehende Schäden im Mauerwerk

durch ein undichtes Dach, schadhafte Dachrinnen oder aufsteigende Feuchtigkeit. Dabei sollten Sie sich nicht von einer soeben frisch gestrichenen Fassade blenden lassen.

Besonders wichtig bei der Begutachtung von außen ist der Zustand des Dachs. Wenn es keine Wölbungen oder Einsinkungen aufweist, können Sie davon ausgehen, dass das Dachgebälk noch in Ordnung ist. Dennoch sollten Sie sich auf der Innenseite beim Aufstieg auf den Dachboden nochmals vergewissern. Flachdächer sind reparaturanfällig – bei solchen ist es durchaus möglich, dass in absehbarer Zeit eine Sanierungsmaßnahme nötig ist, die dann besonders sorgfältig erledigt werden muss.

## Die Kellerräume

Sehr aufschlussreich ist ein Rundgang durch die Kellerräume. Hier zeigt sich, ob das Haus ausreichend von unten gegen eindringende Feuchtigkeit geschützt ist. Riecht es modrig oder haben sich an den Kellerwänden bereits Wasserflecken, Schimmel oder weißer Flaum gebildet, lässt sich daraus auf eine mangelhafte Abdichtung oder eine fehlende Drainage schließen.

Hier haben Sie auch Gelegenheit, einen prüfenden Blick auf die Heizungsanlage zu werfen. Bei sehr alten Öl- und Gasheizungen ist es möglich, dass eine Umrüstung auf eine zugelassene Heizung notwendig ist. Und zwar dann, wenn es sich weder um eine

**Christian Handwerk ist Fachreferent im Team Bauen und Wohnen der Verbraucherzentrale NRW**

„Gas- und Ölheizungen, die ab ungefähr 1990 eingebaut wurden, sind meist Brennwertgeräte. Sie müssen aus Kostengründen nicht sofort ersetzt werden. Andere Sanierungsschritte sind dann oft besser. Man sollte die Heizkosten aber im Blick behalten."

Brennwert- noch eine Niedertemperaturheizung handelt. Die Umstellung auf eine klimafreundliche Variante wie eine Wärmepumpe oder eine Holzpelletheizung ist mit Kosten im deutlich fünfstelligen Bereich verbunden. Bei neueren fossilen Heizungen können Sie sich mit dem Umstieg zwar mehr Zeit lassen, sollten die langfristig erforderlichen Aufwendungen für einen Systemwechsel dennoch im Blick haben.

## Der Wohnbereich

Bei der Besichtigung des Wohnbereichs sind die kritischen Punkte bei der Bausubstanz und den Installationen zu suchen. Bodenbeläge, Tapeten oder Holzdecken lassen sich im Vergleich zu baulichen Veränderungen recht problemlos und kostengünstig erneuern. Doch selbst wenn die Wände in einem guten Zustand sind, kann es sein, dass Umbaumaßnahmen notwendig werden. Grund dafür sind die aus heutiger Sicht oft unpraktischen Grundrisse mit kleinen, dunklen Zimmern und verwinkelten Gängen. Nehmen Sie sich für die Prüfung des Grundrisses und für die eventuell erforderliche Umbauplanung mit allen Beteiligten zusammen ausreichend Zeit. Die Funktionalität des Grundrisses ist maßgeblich für Ihre spätere Wohnzufriedenheit.

**→ TIPP Möbelpuzzle**

**Am besten lassen Sie sich die Grundrisse aller Geschosse in Papierform aushändigen. Hilfreich ist es, wenn man dann Pappstücke im richtigen Maßstab ausschneidet, die die wichtigsten Möbelstücke darstellen. Durch Umherschieben der Modellmöbel auf dem Grundriss wird besser sichtbar, ob man alle Zimmer gut nutzen könnte.**

Auch das Thema Schallschutz sollten Sie nicht vernachlässigen und hellhörig werden, wenn Geräusche aus Nebenzimmern oder gar dem Nachbarhaus deutlich zu hören sind – denn mangelnde Schalldämmung kann auf die Dauer zur Plage werden.

Der Wärmeschutzstandard ist ein weiterer wichtiger Aspekt – ein guter Wärmeschutz und eine luftdichte Außenhaut wirken sich positiv auf die Heizkostenabrechnung aus, die oft auch als „zweite Miete" bezeichnet wird. Das ist bei der Finanzierung zu berücksichtigen. Beim Wärmeschutz spielen der Wandaufbau, die Dämmung zu nicht beheizten Räumen wie Keller und Dach und auch die Fenster eine Rolle.

**→ TIPP Energieausweis beachten**

**Jeder Hausbesitzer muss einen Energieausweis für sein Gebäude erstellen lassen, wenn er seine Immobilie verkaufen will. Dieser gibt Auskunft über den jährlichen Verbrauch an Heizenergie und zeigt Ihnen auf einen Blick, wie es um den energetischen Zustand der Immobilie bestellt ist. Bei Häusern bis Energieverbrauchsklasse C (weniger als 100 Kilowattstunden Heizenergie pro Quadratmeter Wohnfläche jährlich) können Sie davon ausgehen, dass bei der Wärmedämmung keine größeren Zusatzmaßnahmen erforderlich sind. Je schlechter die Verbrauchsklasse, umso teurer sind die Heizkosten und umso größer ist der energetische Sanierungsbedarf. Achten Sie dabei auch auf die „wesentlichen Energieträger" fürs Heizen und das Warmwasser, die auf der ersten Seite des Energieausweises eingetragen sein müssen. Handelt es sich da beispielsweise um Strom, dann ist die Kilowattstunde deutlich teurer als die Kilowattstunde Gas.**

**Zwei Arten von Energieausweisen: die Unterschiede**

| MERKMALE | VERBRAUCHSAUSWEIS | BEDARFSAUSWEIS |
|---|---|---|
| Basis der Verbrauchsberechnung | tatsächlicher Verbrauch im Schnitt der letzten drei Jahre | rechnerische Ermittlung des Verbrauchs unter anderem durch Baujahr, Bausubstanz, Wohnfläche, Dämmung und Art der Heizungsanlage |
| Verbreitung | häufig | weniger häufig |
| Vorteile | → günstige Kosten für die Ausstellung<br>→ einfache Datenerhebung | → gute Vergleichbarkeit verschiedener Häuser<br>→ Kennwerte sind unabhängig vom Heizverhalten der Bewohner |
| Nachteile | individuelles Heizverhalten der Bewohner beeinflusst Ergebnis | → hohe Kosten für die Ausstellung<br>→ mögliche Fehlerquellen bei ungenauen Basisangaben |

Empfehlenswert ist in jedem Raum ein kurzer Blick an die Decke: Hängt sie durch, ist das Gebälk morsch und muss mit viel Aufwand saniert werden.

Viele Altbaubesitzer haben mit Schimmelbildung zu kämpfen. Sie kann verschiedene Ursachen haben: falsches Lüftungsverhalten, aufsteigende Feuchtigkeit vom Kellergeschoss, ein undichtes Dach oder Wand- und Dachkonstruktionen, die sogenannte Wärmebrücken enthalten. Bei umfangreicherem Schimmelbefall sollten Sie auf jeden Fall vor dem Kauf eine Fachkraft hinzuziehen, um die Ursachen festzustellen und zu beseitigen. Weil Schimmel tief in den Innenputz eindringt, ist es oft erforderlich, nach der Beseitigung der Ursache in den betroffenen Räumen den Putz abzutragen.

## Fenster und Installationen

Wenn Sie die Fenster probeweise kurz öffnen und schließen, wissen Sie schnell, ob ein Austausch notwendig ist oder ob – bei Holzfenstern – ein neuer Anstrich genügt. Der Einbau neuer Fenster ist dann erforderlich, wenn die alten Fenster klemmen, nicht mehr dicht schließen, verwittert sind oder noch keine Isolierverglasung haben. Auch Kondenswasser in isolierverglasten Fenstern ist nicht nur ein Schönheitsfehler, sondern ein handfester Hinweis auf die Sanierungsbedürftigkeit.

Elektro-, Wasser- und Heizungsinstallationen werden am schnellsten reparaturanfällig. Vor 20 oder 30 Jahren installierte Elektroinstallation genügen dem heutigen Bedarf oft nicht, sodass das Anbringen von zusätzlichen Schaltern und Steckdosen notwendig wird. Beim Blick ins Bad und in die Küche sollten Sie kurz die Hähne für Kalt- und Warmwasser aufdrehen. Kommt nur ein mageres Rinnsal, sind die Leitungen verkalkt und müssen erneuert werden.

Ein teurer Posten bei der Renovierung kann der Austausch von Heizkörpern und Heizungsrohren werden. Rostige Stellen, Spuren von rosthaltigem Wasser an den Heizungsrohren oder dunkle Flecken auf dem Boden unter den Heizkörpern sind sichere Anzeichen für Schäden im Heizungssystem.

Ein kostspieliger Problemfall sind Nachtspeicherheizungen älteren Baujahrs, die Asbest enthalten und zu horrenden Preisen entsorgt werden müssen. Am elegantesten lösen Sie dieses Problem, wenn der Verkäufer die komplette Entsorgung übernimmt.

CHECKLISTE

## Altbaubesichtigung: Darauf sollten Sie achten

**Außenanlagen und Gebäudehülle**

- ☐ Sind die Zufahrt- und Fußwege auf dem Grundstück in einem guten Zustand? Ist das Grundstück gepflegt?
- ☐ Ist der Außenputz frei von Rissen und abgeplatzten Stellen?
- ☐ Wie ist der Zustand von Dachrinnen und Fallrohren?
- ☐ Sind die Dachziegel noch einwandfrei und nicht verrutscht und weist das Dach keine Unebenheiten oder Einsinkungen auf?
- ☐ Ist das Dach fachgerecht isoliert und ausreichend wärmegedämmt?

**Kellerräume**

- ☐ Weist ein modriger Geruch auf Feuchtigkeitsprobleme hin?
- ☐ Gibt es an den Wänden feuchte Stellen oder weißen Flaum (Salpeterausblühung)?
- ☐ Sind alle Heizungs- und Wasserrohre fachgerecht isoliert?
- ☐ Sind Heizkessel und Warmwasserboiler auf zeitgemäßem technischem Stand?

**Wohnräume**

- ☐ In welchem Umfang muss der Grundriss geändert werden, damit das Haus Ihren Bedürfnissen entspricht?
- ☐ Müssen Wand- und Bodenbeläge komplett oder teilweise erneuert werden?
- ☐ Schließen die Fenster noch dicht? Handelt es sich zumindest um Fenster mit Isolierverglasung?
- ☐ Wie ist der Wärmeschutz insgesamt und wie die Luftdichtigkeit des Hauses? (Gegebenenfalls sollten Sie einen Blower-Door-Test durchführen lassen, um Undichtigkeiten zu ermitteln.)
- ☐ Wie erfolgt die Warmwasseraufbereitung? (Sinnvoll ist ein zentraler Speicher, wenn Sie viel Warmwasser brauchen, oder ein Durchlauferhitzer in jedem Raum mit Wasseranschluss, wenn der Bedarf nicht so groß ist.)
- ☐ Müssen die Innentüren ausgetauscht werden?
- ☐ Sind Heizkörper und Heizungsrohre noch vollkommen in Ordnung? Sind alle Wasserrohre frei von Verkalkungen?
- ☐ Sind in Bad, Toilette oder Küche größere Umbauten oder Neuinstallationen erforderlich?
- ☐ Reicht die Anzahl der Steckdosen aus oder ist eine Erweiterung der Elektroinstallationen erforderlich?

BEISPIEL

**Übertünchen eines Mangels**

Die Vorbesitzerin weiß, dass wegen eines undichten Abwasserrohrs in der Wand in mehreren Räumen Schimmelprobleme bestehen. Weil jedoch die Reparatur teuer ist und der Käufer einen Preisabschlag verlangen würde, bessert sie die betroffenen Stellen an der Wand kurz vor dem Verkauf aus – wohl wissend, dass die alten Probleme in ein paar Monaten wieder auftreten werden. In diesem Fall könnte der Käufer die Vorbesitzerin erfolgreich dazu verklagen, die notwendige Reparatur fachgerecht auf eigene Kosten durchführen zu lassen, wenn er zum Beispiel durch ein Sachverständigengutachten nachweisen kann, dass die Verkäuferin die Wände hat überarbeiten lassen und das Feuchtigkeitsproblem bereits vorhanden war.

## Wer bei versteckten Mängeln haftet

Beim Neubau mit einem Architekten und beim Kauf eines Fertighauses oder eines Hauses vom Bauträger profitieren Bauherrinnen und Bauherren von der gesetzlichen Gewährleistung, sollten einige Zeit nach der Fertigstellung Mängel zutage treten. Doch welche Rechte haben Sie, wenn Sie ein älteres Haus kaufen und kurz nach dem Einzug vor ungeahnten Renovierungsüberraschungen stehen?

Zunächst einmal gilt die Grundregel, dass für Mängel, die innerhalb von fünf Jahren nach der Übergabe auftreten, der Verkäufer verantwortlich ist – so steht es nämlich im Bürgerlichen Gesetzbuch (BGB). Damit müsste eigentlich der Vorbesitzer ohne Murren alle reklamierten Mängel und Schäden in diesem Zeitraum auf eigene Kosten beheben lassen.

Schon an der Formulierung „müsste eigentlich" wird deutlich, dass dies in der Praxis meist nicht der Fall ist. Der Grund: Im notariellen Kaufvertrag wird diese Gewährleistungsklausel üblicherweise ausgeschlossen und sinngemäß durch den Grundsatz „Gekauft wie besichtigt, alle Risiken trägt jetzt der Käufer" ersetzt. Ausgenommen hiervon ist die Haftung für Personenschäden, die nicht ausgeschlossen werden kann.

Der Ausschluss der Gewährleistung ist legal, und Sie können sich als Käufer oder Käuferin gegen diese marktübliche Formulierung kaum zur Wehr setzen. Allerdings sollten Sie wissen, dass dieser Passus nur dann gilt, wenn dem Verkäufer selbst die betreffenden Schäden und Mängel zuvor nicht bekannt waren. Hat er Ihnen einen Mangel wissentlich verschwiegen, macht er sich der arglistigen Täuschung schuldig und muss dafür trotz Gewährleistungsausschluss im Notarvertrag geradestehen.

Nehmen Sie Ihre Frage an den Verkäufer zu möglichen Mängeln sowie seine Antwort, dass ihm davon nichts bekannt sei, in den Kaufvertrag auf. Die schriftliche Fixierung kann verhindern, dass hierüber später ein Streit entsteht.

Wie in unserem Rechtsstaat üblich, gilt auch hier der Grundsatz, dass die Schuld und nicht die Unschuld nachzuweisen ist. Wenn Sie dem Verkäufer nicht lückenlos beweisen können, dass er Sie wissentlich getäuscht hat, haben Sie keinen Anspruch auf Gewährleistung – denn wenn Sie einen Schaden bei der Besichtigung übersehen haben, liegt die Verantwortung bei Ihnen.

Daraus können Sie ersehen, wie wichtig eine sorgfältige Besichtigung ist. Nehmen Sie sich genügend Zeit, achten Sie auf gute Ausleuchtung der Räumlichkeiten und lassen Sie keinen Raum vom Keller bis zum Dachboden aus! Bei Zweifeln nehmen Sie einen Experten, eine Bauingenieurin, einen Architekten oder eine Sachverständige zur Beurteilung der Bausubstanz mit.

# Sanierung planen und finanzieren

**Bei gebrauchten Immobilien macht der Kaufpreis meist nur einen Teil der Gesamtinvestition aus. Je älter das Haus, umso mehr Geld muss der Käufer oder die Käuferin für Modernisierung, Reparaturen und energetische Sanierung in die Hand nehmen. Wichtig ist, dass Sie vor Ihrer Kaufentscheidung den späteren Aufwand verlässlich einschätzen können.**

Je älter das Haus, desto größer ist meist der Renovierungsbedarf. Deshalb ist es ratsam, zumindest in groben Zügen schon vor dem Kauf Kosten und Dauer der Renovierungsarbeiten abzuschätzen. Wenn Sie erst nach dem Kauf den Zustand Ihres Traumhauses auf Herz und Nieren prüfen, werden Sie mit Sicherheit eine böse Überraschung erleben.

In welchem Umfang Renovierungsarbeiten notwendig sind, hängt davon ab, wie der allgemeine Zustand des Hauses aussieht, wie alt das Gebäude ist und welche Renovierungen bereits in den letzten Jahren durchgeführt worden sind. Achten Sie unbedingt darauf, ob das Haus unter Denkmalschutz steht, denn das bedeutet, dass für Nutzung, Umbau und Erweiterung besondere Auflagen seitens der Behörde bestehen. Diese Auflagen können die Nutzung einschränken und die Kosten hochtreiben (→ Seite 132).

Wenn es sich um reine Schönheitsreparaturen handelt, können Sie – sofern Sie handwerklich einigermaßen begabt sind – den Aufwand selbst einschätzen. Sind umfangreichere Reparaturen durchzuführen, sollten Sie einen erfahrenen Handwerksbetrieb zur Beurteilung hinzuziehen. Ist das Haus reif für eine Komplettrenovierung oder gar für einen Aus- oder Umbau, gehört die Architektin oder der Architekt bereits im

Vorfeld zur Abschätzung der Umbau- und Renovierungskosten dazu. Beim Einschätzen des Sanierungsbedarfs sollten Sie ein besonderes Augenmerk auf den energetischen Zustand der Immobilie haben. So sind bei ungedämmten Gebäuden zumeist Maßnahmen wie die Anbringung einer Wärmedämmung an der Fassade oder die Dämmung des Dachs oder der obersten Geschossdecke erforderlich, damit in der Zukunft die Heizkosten nicht aus dem Ruder laufen.

## Sanierungspflichten nach dem Immobilienkauf

In Deutschland sind bei einem Eigentümerwechsel die neuen Besitzer verpflichtet, innerhalb von zwei Jahren zumindest die oberste Geschossdecke zu dämmen, wenn weder die Decke noch das Dach darüber den sogenannten Mindestwärmeschutz erreicht. Zwischen den Sparren eines Dachs reichen zwar circa fünf Zentimeter Dämmung für den Mindestwärmeschutz aus oder auf einer Geschossdecke etwa vier Zentimeter. Aber solch eine energetische Qualität ist nicht ausreichend und verschlingt unnötig Heizkosten. Der Mindestwärmeschutz zielt auch nicht auf auskömmliche Heizkosten, sondern nur auf den Feuchteschutz des Bauwerks. Deswegen ist es im Fall solcher Konstruktionen in jedem Fall sinnvoll, so nachzubessern, dass durch eine gute Wärmedämmung der Verbrauch an Heizenergie deutlich gesenkt wird. Außerdem müssen Öl- und Gasheizungen ausgetauscht werden, wenn sie älter als 30 Jahre sind und es sich nicht um Niedertemperatur- oder Brennwertkessel handelt.

Wird das Haus mit Öl oder Gas beheizt, darf die vorhandene Heizung bis 2045 weiterbetrieben werden. Danach dürfte sie laut heutigem Gesetz nur dann weiterlaufen, wenn sie mit Bioöl oder Biomethan beziehungsweise bestimmtem Wasserstoff versorgt werden würde. Man kann diese Energieträger heute schon kaufen, aber die Mengen reichen längst nicht für die große Zahl der vorhandenen Heizungen. Möchte man eine neue Öl- oder Gasheizung einbauen, egal ob im Haus vorher schon eine vorhanden war oder nicht, hängt die weitere Vorgehensweise von der sogenannten kommunalen Wärmeplanung ab. Diese muss in Großstädten bis 30.6.2026 und in kleineren Kommunen bis 30.6.2028 vorgelegt werden. Spätestens ab dann, oder wenn ein solcher Wärmeplan per kommunaler Satzung rechtskräftig ist und das Gebäude in einem Fernwärme-Erwartungsgebiet liegt, müssen neue Heizungen zu mindestens 65 Prozent mit erneuerbarer Energie betrieben werden können. Also entweder durch Kombination mit anderen Wärmeerzeugern, die mit erneuerbaren Energien arbeiten, oder durch die Beimischung von Bioöl, Biomethan oder bestimmtem Wasserstoff. Diese Beimischung müsste nicht wirklich im Heizkessel passieren. Das Gesetz wäre erfüllt, wenn man einen solchen Brennstoffmix bestellen würde und die entsprechende Menge grünen Brennstoffs irgendwo im deutschen Versorgungsnetz fürs Heizen von Gebäuden eingespeist würde.

→ **TIPP Mögliche EU-Vorgaben beachten**
Die Pflicht zur energetischen Sanierung ist auch auf EU-Ebene ein Thema, das kontrovers diskutiert wurde. Die EU hat Sanierungspflichten für Wohngebäude beschlossen, ab 2026 müssen sich diese in deutschen Vorschriften wiederfinden und nach aktuellem Stand spätestens ab 2030 umgesetzt werden. Besonders die energetisch schlechtesten Gebäude sollen so aufgewertet werden. Daher sollten Sie bei Ihrem Entscheidungsprozess auch die kommenden Vorgaben auf europäischer Ebene im Blick behalten.

## Bedeutung der energetischen Sanierung

In den vergangenen Jahren hat die energetische Sanierung von Bestandsimmobilien immer mehr an Bedeutung gewonnen. Während bei Neubauten dank moderner Dämmtechnologie der Energieverbrauch gering ist, besteht bei den vielen Millionen älterer Gebäude in Deutschland noch erheblicher Nachholbedarf. Gerade im Gebäudebestand gilt es in den kommenden Jahren die Emission von klimaschädlichem Kohlendioxid zu reduzieren. Ansätze hierfür sind eine Verbesserung der Wärmedämmung, die Umrüstung von Öl und Gas auf erneuerbare Heizenergieträger oder idealerweise gleich die Kombination von beiden Maßnahmen.

Nicht nur in dieser globalen Betrachtung ist die energetische Sanierung in den Vordergrund gerückt. Auch Ihre ganz individuelle Entscheidung beim Kauf eines gebrauchten Hauses kann sich diesem Einflussfaktor nicht entziehen. Folgende Gesichtspunkte sollten Sie bedenken:

- → Allein durch die steigende Bepreisung von $CO_2$-Emissionen werden die Kosten für Gas und Heizöl in den kommenden Jahren ansteigen.
- → In den nächsten beiden Jahrzehnten könnte es passieren, dass Städte und Gemeinden ihre Gasnetze ganz stilllegen. Dann wären Eigentümer von Häusern mit Gasheizung gezwungen, in die Umrüstung ihrer Heizung zu investieren.
- → Eine Immobilie mit unzureichender Wärmedämmung und veralteter Heizung erzielt bei einem späteren Verkauf einen weitaus niedrigeren Preis als ein

Haus, das auf dem aktuellen Stand ist. Damit ist die energetische Sanierung eine Investition in den Werterhalt der Immobilie.

Klar ist, dass in vielen Fällen ein Haus nicht zu vertretbaren Kosten auf den dämmtechnischen Stand einer neuwertigen Immobilie gebracht werden kann. Aber einzelne Aufwertungen sind in vielen Fällen lohnenswerte Maßnahmen. Sie sollten bei ohnehin anstehenden Sanierungsarbeiten die energetischen Aspekte mitdenken – etwa indem an die sowieso zu sanierende Fassade gleich ein Vollwärmeschutz angebracht oder das Dach bei der fälligen Neueindeckung gedämmt wird.

→ **TIPP Energieberatung hinzuziehen**
Speziell mit Blick auf Dämmung und Heizung kann es sich lohnen, vor der Kaufentscheidung eine Besichtigung mit einem Energieberater oder einer Energieberaterin durchzuführen. Er oder sie kann mögliche Schwachstellen erkennen und einschätzen, welche energetischen Sanierungsmaßnahmen sinnvoll sind und was sie ungefähr kosten. Adressen von Energieberaterinnen und -beratern in Ihrer Nähe finden Sie hier: www.verbraucherzentrale-energieberatung.de

## Genehmigungspflichten und Denkmalschutz

Wenn Sie nach dem Erwerb eines Hauses Sanierungsmaßnahmen durchführen, kann es je nach geplanter Maßnahme vorkommen, dass dafür eine Genehmigung erforderlich ist. Dies gilt vor allem bei umfangreichen baulichen Veränderungen und bei Sanierungen an denkmalgeschützten Häusern.

### Welche Maßnahmen sind genehmigungspflichtig?

Wenn Sie bereits vorhandene Teile des Hauses erneuern, ist dies in der Regel nicht genehmigungspflichtig. Schaffen Sie jedoch durch einen Ausbau zusätzlichen Wohn- oder Nutzraum, so muss dies von der Baubehörde genehmigt werden. Die entsprechenden Bauvorschriften sind äußerst vielschichtig und – da sie meist auf Kreis- oder Gemeindeebene herausgegeben werden – nur lokal anwendbar und nicht zu verallgemeinern. Deshalb sollten Sie, wenn es an die Bausubstanz geht, rechtzeitig ein Architekturbüro einschalten, das sich gemeinsam mit Ihnen um die Erteilung der entsprechenden Genehmigungen bemüht.

Genehmigungsfrei sind zum Beispiel der Austausch von alten Fenstern durch neue oder Sanierungsmaßnahmen in Innenräumen. Genehmigungspflichtig sind hingegen

Anbauten wie Wintergärten oder Garagen, Dachaufstockungen und Dachgauben.

Bei Wärmepumpen ist keine Genehmigung erforderlich, wenn es sich um Luft-Wärmepumpen handelt. Allerdings muss je nach Bundesland im Regelfall ein Abstand von 2,5 bis 3 Metern zum Nachbargrundstück eingehalten werden, da Wärmepumpen häufig als gebäudeähnliches Bauwerk eingestuft werden. Lärmschutzanforderungen im Hinblick auf die Nachbarn gelten auch für die Wärmepumpe, was die Positionierung des Geräts auf dem eigenen Grundstück zusätzlich beeinflussen kann. Gegebenenfalls ist es sinnvoll, eine besonders geräuscharme Wärmepumpe zu installieren.

Anders ist die Rechtslage bei Wärmepumpen, die ihre Heizenergie aus einer Bohrung im Erdreich ziehen. Für Bohrungen bis 100 Meter ist eine Genehmigung der Unteren Wasserbehörde erforderlich, darüber hinaus muss die Bohrung bei der zuständigen Bergbehörde des Bundeslandes angemeldet werden.

## Was beim Denkmalschutz zu beachten ist

Wenn Ihr Traumhaus unter Denkmalschutz steht, sollten Sie alle Renovierungsmaßnahmen, die von außen sichtbar sind, vorher mit der örtlichen Denkmalschutzbehörde abklären. Dabei kann es passieren, dass Ihnen die Farbe der Fassade vorgeschrieben wird, Sie nur eine ganz bestimmte Sorte von Dachziegeln verwenden dürfen oder Ihnen der Einbau eines zusätzlichen Fensters verweigert wird.

Vor allem alte Häuser in Ortskerngebieten stehen häufig unter Denkmalschutz, was deren Renovierungsmöglichkeiten einschränken kann und Ihnen möglicherweise zusätzliche Kosten verursacht. Deshalb gilt: Erkundigen Sie sich rechtzeitig, ob das Haus, für das Sie sich interessieren, unter Denkmalschutz steht.

Die zuverlässigste Informationsquelle für Fragen des Denkmalschutzes ist die jeweilige Gemeinde- oder Stadtverwaltung. Dort liegt die sogenannte „Liste der Kulturdenkmäler" oder „Liste der Baudenkmäler" aus, der Sie entnehmen können, ob das Haus, für das Sie sich interessieren, unter Denkmalschutz steht.

Doch der Denkmalschutz hat nicht nur Nachteile: In den meisten Fällen kommen Sie in den Genuss von Renovierungszuschüssen. Das bedeutet: Wenn Sie sich für ein denkmalgeschütztes Haus interessieren, sollten Sie nicht nur den bautechnischen Fragen besondere Aufmerksamkeit widmen, sondern sich auch um mögliche Fördermittel kümmern.

→ **TIPP**

**Für die Förderung von Sanierungsmaßnahmen an denkmalgeschützten Gebäuden stehen vor allem Bundesmittel und regionale Förderprogramme zur Verfügung. Das bedeutet, dass je nach Standort der Immobilie die Förderung unterschiedlich ausfallen kann. Anlaufstelle für eine Übersicht über die regionalen Fördermöglichkeiten ist die örtliche Denkmalschutzbehörde, die Interessierten Auskunft über Fördermittel erteilt.**

## Die richtige Reihenfolge beim Sanieren

Wenn unterschiedliche Modernisierungsarbeiten durchzuführen sind, sollte bei der Beauftragung von Handwerksbetrieben auf die richtige Reihenfolge geachtet werden, um Schäden am frisch fertiggestellten Gewerk oder Doppelarbeit zu vermeiden. Dabei gelten einige Grundregeln wie etwa „Vom Groben zum Feinen“ oder bei Arbeiten innerhalb eines Raums „Von oben nach unten“.

Wer etwa zuerst ein Zimmer tapeziert und danach neue Steckdosen installieren will, muss die frisch tapezierten Wände wieder aufstemmen und nach der Installation mit dem Tapezieren von vorn anfangen. Um solche Fehlplanungen zu vermeiden, können Sie sich an der unten gezeigten Reihenfolge von Sanierungsarbeiten orientieren. Manche Gewerke können auch parallel ausgeführt werden – so ist beispielsweise die Modernisierung des Badezimmers parallel zum Verlegen von Bodenbelägen in den Schlafzimmern meist problemlos möglich.

Zuallererst sollte jedoch die detaillierte Planung der gesamten Maßnahmen erfolgen. Erst wenn klar ist, welche Arbeiten durchzuführen sind, sollten die Handwerksbetriebe beauftragt werden. In diesem Zuge sollten Sie die einzelnen Handwerker über die gesamten Arbeiten des Sanierungsprojekts informieren, damit sie gegebenenfalls auf Unstimmigkeiten hinweisen oder sich untereinander terminlich absprechen können.

Eine sinnvolle Reihenfolge der Sanierungsarbeiten könnte wie folgt aussehen:

1. Planung der Arbeiten und Kostenkalkulation
2. Abrissarbeiten, Entfernen von Wand- und Bodenbelägen, Durchführung von Wandöffnungen
3. Rohbauarbeiten, Estrich
4. Dacheindeckung und -dämmung
5. Dämmung der Fassade
6. Einbau der Rahmen bei Trockenbauwänden
7. Installation von Wasser- und Heizungsrohren
8. Elektroinstallation

9. Trockenbauwände beplanken und verputzen
10. Einbau von neuen Fenstern und Außentüren
11. Innenputz und Fliesen
12. Boden- und Wandbeläge

## Fördermittel für die Sanierung

Wenn Sie eine Immobilie sanieren, können Sie unter Umständen in den Genuss staatlicher Zuschüsse oder zinsverbilligter Kredite kommen. Das gilt vor allem dann, wenn durch die Maßnahmen der Energieverbrauch des Hauses deutlich gesenkt wird oder wenn Sie Ihre Heizung austauschen. Je nach Sanierungsprojekt können unterschiedliche Fördertöpfe genutzt werden.

## Förderung durch die KfW

Die staatseigene Förderbank KfW bietet sanierungswilligen Bauherren und Bauherrinnen verschiedene Förderprogramme an. Nachfolgend ein Überblick (Stand Anfang 2025) über die wichtigsten Angebote:

- **Bundesförderung für effiziente Gebäude.** Dieses Programm umfasst sowohl zinsverbilligte Kredite als auch nicht zurückzuzahlende Zuschüsse. Voraussetzung ist die energetische Ertüchtigung zum technischen Standard eines KfW-Effizienzhauses.
- **Heizungsförderung für Privatpersonen.** Aus diesem Programm werden die Zuschüsse ausgezahlt, die Hauseigentümer für den Umstieg von einer fossilen Heizung auf eine klimafreundliche Heizung wie beispielsweise Wärmepumpe, Pelletheizung oder Solarthermie erhalten können. Je nach Art der Anlage und den persönlichen Verhältnissen des Antragstellers oder der Antragstellerin werden bis zu 70 Prozent der Investition gefördert.
- **Altersgerecht umbauen.** Mit dem zinsverbilligten Darlehen aus diesem Programm lassen sich Investitionen in den Barriereabbau und den Einbruchsschutz finanzieren. Für die Barrierereduzierung ist alternativ dazu auch ein nicht rückzahlbarer Zuschuss möglich.

Wer Ansprechpartner für KfW-Fördermittel ist, hängt vom Programm ab: Während Sie die Heizungsförderung direkt online bei der KfW beantragen, müssen Sie für alle anderen Förderprogramme Ihre Hausbank als Finanzierungsvermittler mit einbeziehen. Da sich die Förderbedingungen und Programme der KfW kurzfristig ändern können, empfiehlt es sich, online auf www.kfw.de nachzuprüfen, welche Möglichkeiten aktuell zur Verfügung stehen.

## BAFA-Zuschüsse

Das Bundesamt für Wirtschaft und Ausfuhrkontrolle (BAFA) bietet neben verschiedenen Förderprogrammen für die Wirtschaft auch Zuschüsse für private Bauherrinnen und Bauherren an. Schwerpunkte sind:

- die Bezuschussung von Investitionen für Einzelmaßnahmen in der energetischen Sanierung, wie zum Beispiel Dämmung von Dach und Fassade oder den Einbau von neuen Fenstern und Außentüren mit gutem Wärmedämmwert, sowie
- die Beteiligung am Beratungshonorar bei der Energieberatung durch eine zertifizierte Fachperson. Bei Ein- und Zweifamilienhäusern beträgt der Zuschuss 50 Prozent des Honorars, maximal jedoch 650 Euro.

Die Antragstellung erfolgt direkt beim BAFA. Informationen über den Ablauf sowie aktuelle Konditionen finden Sie im Internet unter www.bafa.de.

### Regionale Förderprogramme

Neben den bundesweit zuständigen Förderinstituten KfW und BAFA bieten auch die einzelnen Bundesländer oftmals finanzielle Unterstützung bei der Sanierung an. Hier spielt häufig nicht nur die die Senkung des Energieverbrauchs eine Rolle, sondern zuweilen auch die Schaffung von altersgerechtem Wohnraum oder die Förderung für Bauherrinnen und Bauherren mit geringem Einkommen.

Anlaufstelle ist im Regelfall die Hausbank, die die Gesamtfinanzierung koordiniert. Auf den Internetseiten der Landesförderbanken können Sie sich einen Überblick über die infrage kommenden Programme verschaffen. Eine tabellarische Auflistung der landeseigenen Förderbanken finden Sie im Kapitel „Die richtige Finanzierungsstrategie“ (→ Seite 41).

## Erstellen eines Finanzierungskonzepts für die Sanierung

Beim Kauf eines sanierungsbedürftigen Hauses ist die Erstellung des Finanzierungskonzepts eine komplexe Angelegenheit. Wenn Sie nicht riskieren wollen, dass Sie zu ungünstigen Konditionen nachfinanzieren müssen oder aus Geldmangel einen Teil der vorgesehenen Sanierungsarbeiten nicht durchführen können, sollten Sie die Finanzierung mit großer Sorgfalt und unter Einbeziehung ausreichender Geldreserven planen.

Der erste Teil der Finanzierung deckt den Kaufpreis sowie die Kaufnebenkosten (→ Seite 42) in Form von Grunderwerbsteuer, Notargebühr und gegebenenfalls Maklerprovision ab. Hinzu kommt dann der zweite Teil für die Sanierungsaufwendungen.

Um einen soliden Finanzierungsplan für Erwerb und Sanierung aufstellen zu können, benötigen Sie eine verlässliche Einschätzung der Kosten für die Sanierungsarbeiten. Sinnvoll ist es, schon vor der endgültigen Kaufentscheidung erfahrene Handwerker mit einzubeziehen, die zumindest einen Preisrahmen für die zu erwartenden Arbeiten nennen können. Die jeweiligen Beträge summieren Sie dann (→ Tabelle Seite 139), wobei Sie auch die Ersparnis durch eventuelle Eigenleistungen berücksichtigen können. Auf die Gesamtsumme sollten Sie schließlich eine Reserve von 10 bis 20 Prozent für ungeplante Kostensteigerungen oder zusätzlich erforderliche Maßnahmen aufschlagen.

Im nächsten Schritt sollten Sie ermitteln, ob und in welcher Höhe Fördermittel genutzt werden können. Dabei ist zu beachten, dass bei der KfW-geförderten Sanierung zum Effizienzhaus ein zertifizierter Experte für Energieeffizienz die Maßnahmen begleiten und nach Fertigstellung den energetischen Zustand des Hauses bestätigen muss. Bei anderen Fördermaßnahmen wie Heizungstausch oder Einzelmaßnahmen genügt hingegen eine Bestätigung des ausführenden Fachbetriebs, dass die ausgeführten Arbeiten die technischen Fördervorgaben erfüllen.

Bei der Einbindung von Fördermitteln in die Finanzierungsplanung kommt es darauf an, ob es sich um zinsverbilligte Darlehen oder um Zuschüsse handelt:

- → Zinsverbilligte Darlehen ersetzen herkömmliche Kredite und sind zwar dank Zinssubvention günstiger, müssen aber dennoch zurückgezahlt werden. Daher muss auch für Förderdarlehen eine entsprechende Monatsrate eingeplant werden.
- → Zuschüsse reduzieren die Gesamtfinanzierung und sind nicht rückzahlbar. Damit verursachen sie keine monatliche Belastung.

**→ TIPP**
**Je nach Bearbeitungszeit kann es einige Wochen oder sogar Monate dauern, bis Zuschüsse nach Einreichung der Handwerkerrechnungen ausgezahlt werden. Dies sollten Sie bei der Finanzierungsplanung beachten und eine flexibel rückzahlbare Zwischenfinanzierung für Zuschüsse mit aufnehmen.**

Im Gegensatz zum Erwerb eines Bauträger- oder Fertighauses zum Festpreis ist beim Kauf einer gebrauchten Immobilie mit anschließender Sanierung der Finanzierungsbedarf nicht exakt vorhersehbar. Daher kann es vorkommen, dass die Finanzierungsreserve nicht ausgenutzt wird und ein Teil des Kredits sozusagen „übrig" ist. Weil grundsätzlich eine außerplanmäßige Rückzahlung von Immobiliendarlehen während der Sollzinsbindung nicht möglich ist, müssten Sie dieses Geld separat anlegen – und das hätte den Nachteil, dass die erzielbaren Guthabenzinsen niedriger sind als die Darlehenszinsen für die Finanzierung.

Für diesen Fall sollten Sie daher mit der finanzierenden Bank eine Sondertilgungsoption vereinbaren. Üblicherweise sehen Sondertilgungsoptionen ein jährlich gleichbleibendes Kontingent an Sondertilgungen vor. Mit etwas Verhandlungsgeschick können Sie erreichen, dass im ersten Jahr ein erhöhtes Kontingent zur Verfügung steht, um nicht genutzte Darlehensanteile sofort zurückzahlen und dadurch Zinskosten sparen zu können.

**Ersteinschätzung Renovierungskosten**

| GEWERK | NOTWENDIGE ARBEITEN | UNGEFÄHRE KOSTEN | MÖGLICHE EINSPARUNG DURCH EIGENLEISTUNG |
|---|---|---|---|
| Mauerwerk | | | |
| Fassade | | | |
| Dach | | | |
| Balkon, Terrasse | | | |
| Fenster | | | |
| Heizung, Heizkörper | | | |
| Bodenbeläge | | | |
| Maler- und Tapezierarbeiten | | | |
| Türen | | | |
| Elektroinstallationen | | | |
| sanitäre Installationen | | | |
| Innenausbau (zum Beispiel Küche, Einbaumöbel) | | | |
| Außenanlagen | | | |
| Sonstiges | | | |
| *Zwischensumme* | | | |
| + Reserve (10 bis 20 Prozent) | | | |
| *Gesamtsumme* | | | |

# Worauf es beim Wohnungskauf ankommt

**Die Eigentumswohnung ist oft die preisgünstigere Alternative zum Einfamilienhaus. Allerdings sind damit Kompromisse verbunden, etwa bei Wohnfläche, Garten und Keller oder der Gestaltungsfreiheit. Wenn Sie den Kauf einer Eigentumswohnung planen, sollten Sie nicht nur die Wohnung, sondern auch die Eigentümergemeinschaft unter die Lupe nehmen.**

Verschiedene Gründe können dafürsprechen, dass Ihr Weg zum Eigenheim nicht in das selbst gebaute oder renovierte Haus führt, sondern in eine Eigentumswohnung. Ein wichtiger Grund kann finanzieller Natur sein. Vor allem in Ballungsgebieten mit hohen Grundstückspreisen bleibt das eigene Haus angesichts astronomischer Investitionssummen für viele ein unerfüllbarer Traum.

Selbst im Vergleich zu einem Reihenhaus mit vergleichbarer Wohnfläche ist eine Eigentumswohnung je nach Region meist um etwa 10 bis 20 Prozent günstiger – unter Umständen kann dies bei der Finanzierung der Betrag sein, der über die Machbarkeit entscheidet.

Ein weiterer Grund kann darin liegen, dass Sie lieber zentrumsnah in einer Großstadt als in einem weiter entfernten Wohnviertel leben wollen. In den Zentren großer Städte ist der Eigenheimmarkt oft fast ausschließlich auf Eigentumswohnungen beschränkt – es sei denn, Sie haben den Jackpot im Lotto geknackt und können sich eine millionenteure Stadtvilla leisten.

Für manche kann auch der Aspekt ausschlaggebend sein, dass eine Wohnung deutlich weniger Arbeit macht als ein Haus. Die Außenanlagen werden vom Hausmeisterservice gepflegt, die Renovierungsarbeiten von der Hausverwaltung organisiert – wer viel unterwegs ist oder aufgrund seines fortgeschrittenen Alters seine noch zur Verfügung stehende Energie lieber anderweitig einsetzen will, weiß solche Vorzüge zu schätzen.

## Wichtige Kriterien bei der Wohnungsauswahl

In den vorhergehenden Kapiteln zu Neubau und Kauf eines gebrauchten Hauses wurden bereits wichtige Kriterien für die Immobilienauswahl erläutert. Diese treffen auch auf die Wohnungsauswahl zu, so etwa:

→ die Merkmale zu Lage und Wohngegend (→ Seite 76),
→ die Auswahl des Bauträgers und die Vertragsgestaltung bei Neubauten (→ Seite 97, 111) und
→ die Bauqualität und die Einschätzung des Renovierungsbedarfs bei gebrauchten Wohnungen (→ Seite 119).

Sollte die infrage kommende Wohnung in einem der oberen Stockwerke liegen, stellt sich die Frage, ob das Haus mit einem Aufzug ausgestattet ist. Das Hinauftragen von Einkäufen und Getränken mag bei einer Wohnung im ersten oder zweiten Stock noch gut zu bewältigen sein. Doch was ist, wenn die Wohnung noch weiter oben liegt oder wenn Sie vielleicht in 10 oder 20 Jahren körperlich nicht mehr so fit sein sollten? Wenn Sie vorhaben, auch im Rentenalter in der Wohnung zu leben, sollten Sie darüber nachdenken. Auf der anderen Seite sind Aufzüge nicht nur mit hohen Investitionen, sondern auch mit happigen Betriebs- und Wartungskosten verbunden, was sich in den laufenden Nebenkostenabrechnungen niederschlägt.

### Neubauwohnungen

Wenn Sie sich für eine noch nicht fertiggestellte Neubauwohnung entscheiden, erfolgt der Wohnungskauf in aller Regel als Bauträgermodell. Die Zahlung richtet sich dann wie beim Hauskauf nach der Makler- und Bauträgerverordnung (MaBV), das heißt Zahlungsplan nach Baufortschritt, die Gewährleistung für Baumängel beträgt bei einem BGB-Vertrag fünf Jahre.

Darüber hinaus sollten Sie das Angebot gemeinschaftlich nutzbarer Nebenräume wie Wasch- oder Trockenraum prüfen sowie Abstellmöglichkeiten für Fahrräder oder Kinderwagen. Auch die Außenanlagen sollten Sie kritisch unter die Lupe nehmen, denn die bezahlen Sie ja anteilig mit. Prüfen Sie auch deren Nutzung.

### Gebrauchte Wohnungen

Sollten Sie mit einer gebrauchten Wohnung liebäugeln, dann kommt es, wie schon zuvor erläutert, auf die gründliche Besichtigung und die sorgfältige Einschätzung des Renovierungsaufwands an (→ Seite 119). Wenn es um die Renovierung von Gemeinschaftseigentum geht, sollten Sie jedoch zusätzlich auf den Stand der Rücklagen achten – mehr erfahren Sie auf den nächsten Seiten.

Auch die Frage nach den Miteigentümern und Miteigentümerinnen des Hauses, in dem Ihre zukünftige Eigentumswohnung liegt, sollten Sie nicht vergessen. Das gilt vor allem für diejenigen, die die Wohnung direkt über Ihrer oder unter Ihrer Wohnung bewohnen. Wenn beispielsweise eine Familie direkt unter oder über einem älteren Ehepaar wohnt, kann es zu Konflikten wegen Lärmbelästigung kommen. Hier sollten Sie also Ihre zukünftigen Nachbarn prüfen.

## Gemeinschafts- und Sondereigentum

Im Vergleich zum Haus gilt es bei der Eigentumswohnung sowohl in wirtschaftlicher wie auch in juristischer Hinsicht einige Besonderheiten zu beachten.

Zu den wichtigen Unterscheidungsmerkmalen zwischen Haus und Eigentumswohnung zählt die Tatsache, dass Sie es als Wohnungseigentümer oder Wohnungseigentümerin mit zwei Arten des Eigentums zu tun haben. Wenn Sie ein Haus besitzen, sind die Eigentumsverhältnisse einfach: Sowohl das Grundstück als auch das darauf errichtete Gebäude gehören Ihnen – das ist auch bei einem Reihenhaus der Fall, bei dem die Grundstücksgrenze mitten durch Mauerwerk und Dachziegel läuft. Die Eigentumswohnung besteht hingegen aus Sondereigentum, Gemeinschaftseigentum und diversen Nutzungsrechten:

→ **Sondereigentum** gehört Ihnen, Sie sind dafür allein verantwortlich.

→ **Gemeinschaftseigentum** gehört allen Eigentümern der Hausgemeinschaft zusammen. Alles, was damit geschieht, muss gemeinschaftlich beschlossen werden.

→ **Sondernutzungsrechte** werden einzelnen Mitgliedern der Hausgemeinschaft auf einen bestimmten Teil des Gemeinschaftseigentums gewährt – mit gewissen daraus sich ergebenden Rechten und Pflichten für den Einzelnen.

Die maßgebliche Basis für die Eigentumsfrage ist die sogenannte **Teilungserklärung** (→ Seite 144, 154). Kaufen Sie die Wohnung von einem Bauträger, so wird diese von ihm erstellt, solange er noch alleiniger Eigentümer aller Wohneinheiten ist, andernfalls vom teilenden Eigentümer. Weil damit das Grundstück in verschiedene Einheiten aufgeteilt wird, muss die Teilungserklärung gegenüber dem Grundbuchamt abgegeben werden. Wenn die Teilungserklärung nachträglich geändert werden soll, ist dies nur möglich, wenn alle Miteigentümer der Änderung zustimmen. Legt auch nur ein einziges Mitglied der Hausgemeinschaft sein Veto ein, kann die Änderung nicht durchgeführt werden.

Die Teilungserklärung besteht aus einem Textteil und dem Aufteilungsplan. Im Textteil wird jede Wohnung in Worten beschrieben – dazu zählen beispielsweise die Angaben zu Stockwerk und Wohnungsnummer. Außerdem steht darin, wie hoch der Anteil des jeweiligen Wohnungseigentums am gesamten Gemeinschaftseigentum ist, was üblicherweise in Tausendsteln festgehalten ist, zum Beispiel: „Wohnung Nr. 2 auf der linken Seite im Erdgeschoss, drei Zimmer, Küche, Bad, WC, Flur, Balkon, 78 Quadratmeter Wohnfläche, Anteil 170/1000." Im Aufteilungsplan ist zeichnerisch dokumentiert, welche Räume zu welcher Wohnung gehören. Üblicherweise bezeichnet eine eingekreiste Zahl im jeweiligen Raum die Zugehörigkeit zur Wohnung mit der jeweiligen Nummer.

**→ TIPP**

**Lassen Sie sich vor der Kaufentscheidung die Teilungserklärung aushändigen und lesen Sie diese sorgfältig durch. Sie ist nicht nur das wichtigste Dokument in der Frage, welche Räumlichkeiten Ihnen in welcher juristischen Form gehören, sondern sie ist auch die Basis für die spätere Aufteilung von Abrechnungen, Rücklagen und Sonderumlagen.**

## Sondereigentum

Die Wohnung, die letztendlich Ihnen gehören soll, bildet das Sondereigentum. Per Teilungserklärung wird unwiderruflich festgelegt, welche Räume der jeweiligen Wohnungen als Sondereigentum definiert werden. Dazu zählen oft auch die dazugehörigen Keller- oder Speicherräume. In diesen Räumlichkeiten können Sie schalten und walten, wie Sie wollen: Sie können sie im Rahmen der zulässigen Wohnnutzung selbst bewohnen, vermieten oder verpachten und nach Lust und Laune bunt anstreichen oder tapezieren.

Allerdings müssen Sie auch beim Sondereigentum aufpassen. Denn Ihnen gehört nur das, was Sie verändern können, ohne dass davon die Hausgemeinschaft als Ganzes betroffen ist. Damit zählt beispielsweise eine tragende Wand zwischen zwei Zimmern nicht zum Sondereigentum. Wenn Sie diese herausreißen, bekommen Sie nicht nur Ärger mit dem Statiker, sondern gleich mit der ganzen Eigentümergemeinschaft. Der Grund: Weil die tragende Wand unerlässlich für die statische Sicherheit der darüberliegenden Wohnungen ist, zählt sie zum Gemeinschaftseigentum.

Weniger gefährlich, aber durchaus ärgerlich können eigenmächtige Änderungen an Wohnungseingangstür oder Fenstern werden. Weil diese Elemente zu den Bauteilen zählen, die nach außen sichtbar sind, fallen sie nicht unter das Sondereigentum. Das führt zu der paradoxen Situation, dass Ihnen die Wohnzimmertür gehört, die Wohnungseingangstür jedoch nicht. In der Praxis haben sich bei Änderung und Renovierung zwei Durchführungswege etabliert:

→ Die erste Alternative sieht vor, dass der Austausch von Wohnungseingangstüren, Fenstern oder Balkonelementen ausschließlich im Rahmen der Eigentümergemeinschaft erfolgt und darüber auch finanziert wird.
→ Die zweite Alternative überlässt den Austausch und dessen Finanzierung den einzelnen Eigentümerinnen und Eigentümern, die jedoch bestimmte Gestaltungs- und Farbrichtlinien beachten müssen. Diese Alternative ist allerdings rechtlich sehr problematisch, da Fenster nun einmal Gemeinschaftseigentum sind.

Welche dieser beiden Varianten bei einer Eigentumswohnung zum Tragen kommt, wird über Vereinbarungen in der Gemeinschaftsordnung (→ Seite 154) geregelt.

## Gemeinschaftseigentum

Alle Bestandteile, die nicht zum Sondereigentum zählen, werden nach dem Wohnungseigentumsgesetz (WEG) dem Gemeinschaftseigentum zugerechnet. Dazu zählen insbesondere die gemeinschaftlich genutzten Räume und Flächen wie Treppenhaus, Flure, gemeinsam genutzte Kellerräume, Heizungs- und Tankräume sowie die gesamte Grundstücksfläche. Wie diese Räumlichkeiten genutzt werden und wie deren Reinigung organisiert wird, wird innerhalb der Eigentümergemeinschaft geregelt.

Auch wichtige Gebäudebestandteile zählen zum Gemeinschaftseigentum, weshalb deren Renovierung und Reparatur von der Gemeinschaft getragen werden muss. Dazu zählen beispielsweise Dach, Dachrinnen und Fallrohre, Fassade sowie sämtliche Installationen bis zu deren Eintritt in die abgeschlossene Wohnung.

## Sondernutzungsrechte

Wenn für eine bestimmte Räumlichkeit ein Sondernutzungsrecht zugunsten eines einzelnen Eigentümers vorliegt, darf dieser Raum allein und ausschließlich von diesem Eigentümer genutzt werden. Das Nutzungs-

recht ist notariell festgeschrieben und muss von der Eigentümergemeinschaft einstimmig vereinbart werden. In der Regel stehen die Sondernutzungsrechte in der Teilungserklärung. In selteneren Fällen können Sondernutzungsrechte auch nachträglich vereinbart worden sein. Fragen Sie bei der Hausverwaltung nach, ob es Sondernutzungsrechte gibt, die nicht in der Teilungserklärung stehen. Beim Wohnungskauf sollten Sie darauf achten, dass solche Sondernutzungsrechte im Kaufvertrag genannt werden. Besser ist in jedem Fall die Eintragung dieser Rechte ins Grundbuch.

In der Praxis liegt häufig ein Sondernutzungsrecht vor, wenn es um die Nutzung von Tiefgaragen- oder Stellplätzen, eine Gartennutzung oder den Dachbodenausbau geht. Der jeweilige Eigentümer erwirbt damit ein unwiderrufliches Nutzungsrecht.

## Die Eigentümergemeinschaft

Schon aus der Mischung von Sonder- und Gemeinschaftseigentum wird deutlich: Als Wohnungskäufer sind Sie sowohl alleiniger Eigentümer einer in sich geschlossenen Wohnung wie auch Teilhaber am gesamten Gebäude und am Grundstück. Im Folgenden erfahren Sie, in welcher Form Sie Ihre Vorstellungen und Wünsche in die Entscheidungsfindung der Allgemeinheit einbringen können.

> GUT ZU WISSEN
>
> **Was ist das Hausgeld?**
>
> Unter dem Begriff Hausgeld werden die Zahlungen der einzelnen Wohnungseigentümer und -eigentümerinnen für gemeinschaftliche Aufgaben und Aufwendungen zusammengefasst. Dazu zählen unter anderem die laufende Instandhaltung, Versicherungen und Hausmeisterdienste.

### Die Eigentümerversammlung

So wie jeder Verein seine Jahresversammlung und jede Aktiengesellschaft ihre Hauptversammlung hat, gehört zur Eigentümergemeinschaft im Mehrfamilienhaus die Eigentümerversammlung als unverzichtbares Entscheidungsorgan. Die Versammlung muss mindestens einmal pro Jahr stattfinden und vom Verwalter oder von der Verwalterin einberufen werden. Alle im Grundbuch eingetragenen Eigentümer und Eigentümerinnen müssen mindestens drei Wochen vor dem Termin eine schriftliche Einladung mit Angabe von Ort, Uhrzeit und Tagesordnung erhalten. Die Ladungsfrist ergibt sich aus der Teilungserklärung.

Als Eigentümer haben Sie die Wahl:

- → Entweder Sie erscheinen persönlich und nehmen Ihre Stimmrechte wahr
- → oder Sie übertragen Ihre Stimmrechte per schriftlicher Vollmacht auf einen anderen Miteigentümer
- → oder es ist Ihnen egal, was beschlossen wird, und Sie bleiben zu Hause.

Wenn zu viele Miteigentümer ohne Vollmachtübertragung der Versammlung fernbleiben, besteht die Gefahr, dass die Eigentümerversammlung mangels Beschlussfähigkeit nicht begonnen werden kann. Im Interesse der Gemeinschaft sollten Sie daher im Fall Ihres Fernbleibens die Vollmacht an eine Miteigentümerin oder einen Miteigentümer Ihres Vertrauens übertragen, die oder der dann Ihre Interessen wahrnimmt. Eine Stimmrechtsbindung ist hierbei möglich. Das bedeutet: Sie dürfen eine von Ihnen bevollmächtigte Person anweisen, wie sie zu einzelnen Sachverhalten abstimmen soll.

Weil die Vereinbarungen und Beschlüsse in der Eigentümerversammlung von großer rechtlicher und wirtschaftlicher Tragweite sein können, muss der Versammlungsleiter oder die Versammlungsleiterin den Ablauf der Versammlung protokollieren.

Eine wichtige Aufgabe der Eigentümerversammlung besteht darin, bei den gemeinsam zu tragenden Kosten ein einheitliches Vorgehen zu beschließen. Verwalterkosten, Hausgeld, Sonderumlagen und Wirtschaftsplan müssen vereinbart werden, und die – gegebenenfalls vom Verwaltungsbeirat geprüfte – Jahresabrechnung wird genehmigt.

## Beschlüsse und Vereinbarungen

In der Eigentümerversammlung werden Vereinbarungen und Beschlüsse gefasst. Wichtiger Unterschied: Während Vereinbarungen nur mit der Zustimmung aller Eigentümer und Eigentümerinnen getroffen werden können, genügt für den Beschluss die Mehrheit.

Hier einige Beispiele für Entscheidungen, die in Form eines einfachen Mehrheitsbeschlusses fallen:

- → Jahresabrechnung und Entlastung des Hausverwalters,
- → Aufstellung des Wirtschaftsplans,
- → Bestellung eines Verwaltungsbeirats,
- → Änderung der Hausordnung.

Wenn es um Entscheidungen von großer Tragweite geht, ist hingegen eine einstimmige Vereinbarung erforderlich, der alle Eigentümer und Eigentümerinnen zustimmen müssen, so etwa für:

- → Änderungen bei Sondernutzungsrechten,
- → Änderungen in der Teilungserklärung,
- → Umstellung in der Kostenumlage von Eigentumsanteilen auf Anzahl der Eigentümer oder umgekehrt,
- → Änderungen in der Gemeinschaftsordnung. Im Unterschied zur Hausordnung, in der zum Beispiel geregelt wird, wer wann das Treppenhaus reinigt, ist hier Grundsätzliches geregelt, wie zum Beispiel die Frage, ob eine Wohnung im Haus auch gewerblich genutzt werden darf.

Besondere Regelungen gelten für bauliche Veränderungen, die für einzelne Eigentümer besonders bedeutsam und aus gesamtgesellschaftlicher Sicht sinnvoll sind. Laut Paragraf 20 des Wohneigentumsgesetzes (WEG) darf jeder Wohnungseigentümer bauliche Veränderungen verlangen, die

- → dem Gebrauch durch Menschen mit Behinderungen,
- → dem Laden elektrisch betriebener Fahrzeuge,
- → dem Einbruchsschutz,

- dem Anschluss an ein Telekommunikationsnetz mit sehr hoher Kapazität und
- der Stromerzeugung durch Steckersolargeräte

dienen. Wenn die Eigentümer, die durch die betreffende Veränderung über das unvermeidliche Maß hinaus beeinträchtigt sind, damit einverstanden sind, darf die Maßnahme durchgeführt werden. Das bedeutet im Umkehrschluss: Ein Einspruchsrecht haben nur Eigentümer, die durch die Maßnahme mehr als notwendig beeinträchtigt werden – beispielsweise wenn eine Rampe für den barrierefreien Zugang direkt vor der Terrasse einer Wohnung vorbeiführt, obwohl es für die Wegführung eine andere Alternative geben würde.

Beim Stimmrecht gibt es grundsätzlich drei Varianten: nach Köpfen, nach Wohneinheiten und nach Miteigentumsanteilen, also danach, ob es sich um eine große oder kleine Wohnung handelt. Welches Stimmrecht gilt, ist in der Teilungserklärung festgelegt.

Wenn Sie eine Wohnung kaufen, akzeptieren Sie damit automatisch die bestehende Gemeinschaftsordnung. Daher sollten Sie diese gründlich durchlesen und daraufhin überprüfen, ob sich daraus für Sie als künftige Eigentümerin oder künftigen Eigentümer eventuelle Nachteile ergeben.

## Rechte und Pflichten des Hausverwalters

Es ist per Gesetz vorgeschrieben, dass jede Eigentümergemeinschaft einen Hausverwalter oder eine Hausverwalterin bestellen muss. Bei kleineren Mehrfamilienhäusern kann dies einer der Miteigentümer sein, der diese Aufgabe nebenberuflich übernimmt. In größeren Wohneinheiten ist es hingegen üblich, dass ein auf diese Aufgabe spezialisiertes Unternehmen die Hausverwaltung übernimmt. Bei Neubauten ist es oft so geregelt, dass der Bauträger den ersten Verwalter in der Teilungserklärung festlegt. Das darf maximal auf drei Jahre geschehen.

Die Bestellung eines Verwalters erfolgt auf maximal fünf Jahre, kürzere Perioden können von den Eigentümern festgelegt werden. Im Anschluss daran ist eine erneute Abstimmung erforderlich, in der entweder der bestehende Verwalter bestätigt oder die Gesellschaft gewechselt wird.

**→ TIPP**

**Die Hausverwaltung hat weitreichende Vollmachten und damit großen Einfluss auf das Miteinander der Eigentümergemeinschaft. Vor dem Wohnungskauf sollten Sie sich bei Ihren künftigen Miteigentümern über ihre Zufriedenheit mit der Hausverwaltung erkundigen.**

Grundlage der Zusammenarbeit ist der Verwaltervertrag, in dem die Rechte und Pflichten geregelt werden.

## Rechte des Verwalters

Zunächst einmal hat der Verwalter oder die Verwalterin das Recht, für seine oder ihre Tätigkeit eine angemessene Vergütung zu erhalten. Damit sind in der Regel alle Arbeiten abgegolten, die zur üblichen Verwaltungstätigkeit zählen, während außerordentliche Aufwendungen gesondert berechnet werden dürfen. Das heißt in der Praxis: Eine Eigentümerversammlung pro Jahr darf vom Verwalter nicht extra berechnet werden, während für zusätzliche außerordentliche Versammlungen Spesen und Honorare in Rechnung gestellt werden dürfen.

Der Verwalter oder die Verwalterin hat meist auch die Vollmacht, beschlossene Instandhaltungsmaßnahmen oder andere Baumaßnahmen durchführen zu lassen. Damit ist etwa die Ausschreibung, Auswahl und Beauftragung der Handwerker verbunden. Bei dringenden Reparaturarbeiten darf der Hausverwalter die Arbeiten auch ohne gesonderten Beschluss in Auftrag geben. Außerdem kann der Verwalter, sofern die Rahmenbedingungen von der Gemeinschaft aufgestellt wurden, einen Hausmeister einstellen oder kündigen.

In finanzieller Hinsicht ist der Verwalter berechtigt, die Hausgelder einzuziehen, Kosten und Aufwendungen aufzuteilen und alle Ausgaben für die Gemeinschaft abzuwickeln. Auch die Anlage der Rücklagegelder fällt in sein Ressort.

## Pflichten des Verwalters

Der Hausverwalter muss für seine Vergütung eine ordnungsgemäße Gegenleistung erbringen.

Er muss alle Konten, die die Gemeinschaft betreffen, in strikter Trennung von seinem Privatvermögen führen. Der Grund: Geht die Verwaltungsgesellschaft pleite, dürfen davon die Guthaben der Eigentümergemeinschaft nicht betroffen sein – falls doch, wäre der Tatbestand der Unterschlagung erfüllt. Auch die sorgfältige Buchführung und Abrechnung über alle Finanzangelegenheiten der Gemeinschaft zählt zu den Grundpflichten des Verwalters. Er muss auf Verlangen den Eigentümern jederzeit Einsicht in die Bücher gewähren.

Seine Verwaltungstätigkeit beschränkt sich nicht nur auf finanzielle Angelegenheiten, sondern auch auf die Pflege der Bausubstanz. Damit ist die Verpflichtung verbunden, das Grundstück, das Gebäude und die Installationen regelmäßig auf die Notwendigkeit von Instandhaltungsmaßnahmen zu überprüfen.

Für alle Tätigkeiten gilt, dass in erster Linie die Interessen der Eigentümergemeinschaft zu wahren sind. Dies ist etwa dann der

BEISPIEL

### Verwalterhaftung in der Praxis

**Finanzgeschäfte.** Ein Mitglied der Eigentümergemeinschaft hat herausgefunden, dass es bei einer Direktbank eine Alternative zur derzeitigen Anlage der Rücklagegelder gibt, mit der im abgelaufenen Jahr ein halber Prozentpunkt mehr Zins hätte erzielt werden können. Hier besteht in der Regel kein Schadenersatzanspruch, weil der Verwalter ein marktübliches Angebot wählen kann und nicht täglich bundesweit nach besonders hoch verzinsten Bankangeboten fahnden muss. Gegen die Sorgfaltspflicht würde er hingegen verstoßen, wenn er ohne die Zustimmung der Eigentümer statt der sicheren Festgeldanlage eine riskante Börsenspekulation für die Rücklagen wählen und damit Verluste einfahren würde.

**Gewährleistung.** Auch kompetenten Verwaltern kann es passieren, dass der von ihnen ausgewählte Handwerker seine Arbeit mangelhaft ausführt und den Eigentümern dadurch Unannehmlichkeiten entstehen. Gewährleistungsansprüche können jedoch nur vom Verwalter gegenüber dem Auftragnehmer, nicht aber von den Eigentümern gegenüber der Hausverwaltung geltend gemacht werden. Wenn der Verwalter es jedoch versäumt, zu reklamieren, und damit die Ansprüche auf kostenlose Mängelbeseitigung verloren gehen, können die Eigentümer von ihm verlangen, dass er die daraus entstehenden zusätzlichen Kosten aus eigener Tasche bezahlt

Fall, wenn im Interesse der Mehrheit ausstehende Hausgelder von säumigen Gemeinschaftsmitgliedern angemahnt oder eingetrieben werden. Auch gegenüber Handwerksbetrieben muss der Verwalter Terminverzögerungen oder Gewährleistungsansprüche so nachdrücklich geltend machen, als würde es sich um sein persönliches Eigentum handeln.

Der Verwalter ist verpflichtet, eine Beschlusssammlung zu führen, in der alle in den Eigentümerversammlungen gefassten Beschlüsse sowie alle gerichtlichen Entscheidungen aufzunehmen sind. Für Wohnungseigentümer und vor allem für Kaufinteressenten ermöglicht dies aktuelle und umfassende Information.

### Wann der Verwalter haftet

Für seine Tätigkeit muss der Verwalter geradestehen. Das bedeutet, dass er für schuldhafte Fehltritte und Unterlassungen auch haftbar gemacht werden kann – unter Umständen bis hin zum Schadenersatzanspruch gegenüber der Eigentümergemeinschaft. Für einen Haftungsanspruch ist allerdings Voraussetzung, dass ihm fahrlässiges oder gar vorsätzliches Handeln nachgewiesen werden kann. Hat er seine Sorgfaltspflichten erfüllt, muss er nicht automatisch jeden entgangenen Gewinn oder eingetretenen Verlust ausgleichen.

### Was ist ein Verwaltungsbeirat?

Als Bindeglied zwischen Eigentümern und Hausverwaltung kann die Gemeinschaft einen Verwaltungsbeirat ins Leben rufen. Ob sich ein Beirat konstituieren soll, wird üblicherweise per Mehrheitsbeschluss festgelegt. Der Verwaltungsbeirat besteht aus mindestens drei Personen. Die Beiratstätigkeit ist ein Ehrenamt und damit unentgeltlich. Typische Aufgaben für den Beirat liegen darin, Abrechnungen zu prüfen, die Gemeinschaft über die Notwendigkeit von Instandhaltungsarbeiten zu beraten und die Einhaltung der Hausordnung zu überwachen.

In kleineren Eigentümergemeinschaften ist ein Beirat meist unüblich, weil sämtliche Eigentümer und Eigentümerinnen mit dem Verwalter oder der Verwalterin noch an einem Tisch ihre Probleme ausdiskutieren können. In großen Wohnanlagen gliedert sich der Beirat hingegen nicht selten in regelrechte Fachausschüsse auf. So haben bestimmte Mitglieder die Aufgabe, sich um technische Fragen zu kümmern, während die zweite Gruppe die Bücher des Verwalters oder der Verwalterin prüft und ein dritter Ausschuss Anregungen aus der Gemeinschaft für die Tagesordnung bei der nächsten Eigentümerversammlung entgegennimmt.

## Wie die laufenden Kosten aufgeteilt werden

Nicht nur bei den Eigentumsverhältnissen, sondern auch bei der Verteilung der laufenden Kosten gibt es beträchtliche Unterschiede zwischen der Eigentumswohnung und dem Haus. Wenn Sie ein Haus besitzen, lässt sich die Kostenfrage auf denkbar einfache Weise beantworten: Alle Ausgaben, Steuern und Abgaben, die Ihr Gebäude und Ihr Grundstück betreffen, sind von Ihnen zu bestreiten – und die Kosten für das Nachbargrundstück sind die Angelegenheit Ihres Nachbarn.

Etwas komplizierter wird es bei der Eigentumswohnung. Manche Ausgaben lassen sich direkt der einzelnen Wohnung zuordnen, während andere Posten pauschal umgelegt werden müssen, zum Beispiel Strom:

> **BEISPIEL**
>
> Der Verbrauch an gemeinschaftlichem Strom beläuft sich auf 80 Euro pro Jahr. Wenn Sie einen Miteigentumsanteil von 150/1000 besitzen, müssen Sie davon 12 Euro übernehmen.

Der Strom, den Sie in Ihrer Wohnung verbrauchen, wird über Ihren Stromzähler ermittelt und vom Energieversorger direkt mit Ihnen abgerechnet. Doch was ist mit der Elektrizität, die für Treppenhaus- und Kellerbeleuchtung, den Antrieb des Tiefgaragentors oder die Umwälzpumpe der Heizung benötigt wird?

Bei solchen Gemeinschaftsausgaben ist vorgesehen, dass diese ohne detaillierte Einzelabrechnung pauschal auf die einzelnen Eigentümerinnen und Eigentümer umgelegt werden. Grundsätzlich gilt, dass die Umlage anhand des Miteigentumsanteils erfolgen soll.

Allerdings kann die Gemeinschaftsordnung vorsehen, dass ein anderer Verteilungsschlüssel angewandt wird. So kann eine Kostenumlage auch nach der Anzahl der Wohnungen oder nach der Wohnfläche erfolgen. Das erfordert jedoch einen einstimmigen Beschluss aller Eigentümer und Eigentümerinnen. Sollte die Umlage per Mehrheitsbeschluss geändert werden können, müssen alle Eigentümer und Eigentümerinnen zustimmen, dass dieser Passus in die Gemeinschaftsordnung aufgenommen wird.

In vielen Hausgemeinschaften wird etwa die Müllentsorgung nicht nach Miteigentumsanteilen, sondern nach der Anzahl der in den jeweiligen Haushalten wohnenden Personen abgerechnet. Andere Umlagen werden manchmal über die Anzahl der Wohneinheiten errechnet.

Eine Abrechnung nach tatsächlichem Verbrauch ist üblich für:

- → Strom
- → Wasser
- → Heizung (meist über Energieverbrauchszähler pro Heizkörper)

Eine Abrechnung nach Miteigentumsanteil oder Wohneinheit ist hingegen üblich für:

- → Verwaltergebühr
- → Versicherungen
- → Müllentsorgung
- → Gartenpflege
- → Hausmeisterservice
- → Anschaffungen
- → Reparaturen und Rücklagen
- → Wartungsarbeiten (zum Beispiel Schornsteinfeger, Heizungswartung, Aufzugswartung)
- → Allgemeinstrom

→ **TIPP Auf Basis für Umlagen achten**
Achten Sie bei der Durchsicht der Abrechnungen darauf, ob die Umlagen eher nach Miteigentumsanteil oder eher nach Wohneinheit ermittelt werden. Beim Erwerb einer überdurchschnittlich großen Wohnung kommen Sie günstiger weg, wenn die Umlage nach Wohneinheiten erfolgt. Bei kleinen Wohnungen hingegen ist die Abrechnung nach Miteigentumsanteil günstiger, weil dieser aufgrund der geringen Quadratmeteranzahl entsprechend niedrig ist.

## Welche Dokumente Sie vor der Kaufentscheidung prüfen sollten

Nicht nur der obligatorische Grundbuchauszug zählt beim Wohnungskauf zu den wichtigen Dokumenten, sondern auch Teilungserklärung, Gemeinschafts- und Hausordnung sowie die letzten Nebenkostenabrechnungen und Protokolle der Eigentümerversammlungen.

### Teilungserklärung

Bei der Prüfung der Teilungserklärung sollten Sie vor allem sicherstellen, welche Räumlichkeiten per Sondereigentum zu Ihrer Wohnung gehören und wo Sie gegebenenfalls über Sondernutzungsrechte verfügen. Empfehlenswert ist es auch, zumindest überschlägig nachzurechnen, ob der Miteigentumsanteil dem Anteil der Wohnfläche entspricht. Ist beispielsweise der Miteigentumsanteil deutlich höher als der tatsächliche Wohnflächenanteil, sind Sie bei der Kostenumlage in vielen Fällen benachteiligt.

### Gemeinschaftsordnung

Die Gemeinschaftsordnung ist ein gesetzlich vorgeschriebener Teil der Teilungserklärung. Sie wird mit beurkundet und kann im Grundbuch von Eigentümern und Eigentümerinnen sowie Kaufinteressierten eingesehen werden. Mit dem Kauf erkennen Sie die Gemeinschaftsordnung verbindlich an. Daher sollten Sie diese gründlich durchlesen und auf die Details der Regelungen achten.

In der Gemeinschaftsordnung kann geregelt sein, dass bestimmte Entscheidungen nicht per einstimmiger Vereinbarung, sondern über einen einfachen Mehrheitsbeschluss getroffen werden. Wenn es sich hierbei um Angelegenheiten handelt, die Sie als Einzeleigentümer benachteiligen können, sollten Sie vorsichtig sein und die möglichen Folgen abwägen – denn bei einem Mehrheitsbeschluss haben Sie kein Vetorecht.

Die Gemeinschaftsordnung regelt außerdem Aspekte wie die Art der Wohnungsnut-

zung, die Aufteilung der Stimmrechte in der Eigentümerversammlung oder die Bestellung eines Verwaltungsbeirats zur Überwachung und Unterstützung der Hausverwaltung.

## Hausordnung

Die Hausordnung wird durch einfachen Mehrheitsbeschluss aufgestellt und regelt das möglichst harmonische Miteinander der Eigentümer und Eigentümerinnen. Hier ist beispielsweise festgeschrieben,

→ wer zu welchem Zeitpunkt gemeinschaftliche Räume wie den Trockenraum benutzen darf,
→ wer in welchem Turnus für die Reinigung von Gemeinschaftsflächen zuständig ist,
→ was auf den Fluren abgestellt werden darf und was nicht oder
→ ob die Haltung größerer Haustiere erlaubt ist oder nicht.

## Nebenkostenabrechnungen

Hier sollten Sie Punkt für Punkt prüfen, ob die Höhe der Nebenkosten für die infrage kommende Wohnung akzeptabel ist. Wasser- und Stromverbrauch können, sofern die Warmwasseraufbereitung über die Heizung geregelt wird, außen vor bleiben, denn dieser Verbrauch hängt vom individuellen Verhalten der Bewohnerinnen und Bewohner ab. Doch in der Nebenkostenabrechnung stehen auch Details zur Höhe der Verwaltergebühr oder zum Stromverbrauch in den Gemeinschaftsräumen.

Ein besonderer Kostenfaktor sind erfahrungsgemäß Aufzuganlagen, die hohe Summen für Betrieb und Wartung verschlingen. Manche Wohnungseigentümergemeinschaften rechnen die Aufzugskosten nach Geschossquoten ab, sodass die Kosten gestaffelt nach Lage der Wohnung verteilt werden. Auch die Heizkosten haben Ihre besondere Aufmerksamkeit verdient, denn daraus lässt sich ersehen, wie gut der Wärmeschutz in Ihrer Wohnung ist.

In dieser Aufstellung sind zudem die Rücklagen enthalten – dies ist vor allem bei älteren Wohnungen ein wichtiger Punkt. Aus dem Stand der aktuellen Rücklagen erkennen Sie, welche Summe bereits für künftige Instandhaltungsarbeiten zurückgelegt worden ist.

→ **TIPP Mehrere Abrechnungen prüfen**
Verlassen Sie sich nicht allein auf die letzte Abrechnung, sondern lassen Sie sich die Aufstellungen der letzten drei bis vier Jahre aushändigen. Je konstanter die Zahlen, umso verlässlicher können Sie meist für die Zukunft kalkulieren – und eine Abrechnung ohne großes Auf und Ab zeugt auch von einer umsichtig kalkulierenden Hausverwaltung.

Ein Teil des monatlichen Hausgeldes wird überdies für die Aufstockung der Rücklagen verwendet. Wenn erst kürzlich größere Renovierungsarbeiten durchgeführt wurden oder wenn solche Maßnahmen für die nähere Zukunft geplant sind, kann es vorkommen, dass die Rücklagenzuführung für einen bestimmten Zeitraum stark erhöht wird. In diesem Fall sollten Sie sich genau erkundigen, wie lange die erhöhte Rücklagenzuführung laufen soll und wie hoch der sonst übliche Betrag ist.

## Protokolle der letzten Eigentümerversammlungen

Ergänzend zu den Abrechnungen ist es für Sie wichtig zu wissen, welche Beschlüsse auf den letzten Eigentümerversammlungen gefasst worden sind. Die Dokumentation hierüber finden Sie in den Versammlungsprotokollen. Konkrete Beschlüsse der Wohnungseigentümer sind von der Hausverwaltung in eine Beschlusssammlung aufzunehmen.

Auch wenn noch keine Beschlüsse gefasst worden sind, sondern Themen nur unter dem Tagesordnungspunkt „Verschiedenes" diskutiert wurden, kann dies für Sie wichtig sein. Wurden beispielsweise mehrere Varianten für die künftige Vorgehensweise bei einer Modernisierung angesprochen, können Sie davon ausgehen, dass schon bald entsprechende Beschlüsse folgen – möglicherweise mit den dazugehörigen Sonderumlagen für die Eigentümer und Eigentümerinnen.

Wenn Sie aufmerksam „zwischen den Zeilen" lesen, offenbart das Protokoll oft auch einiges darüber, wie gut die Gemeinschaft funktioniert. Eine Anhäufung von Anfechtungen, endlos lange Versammlungen oder gar Klagen lassen darauf schließen, dass entweder die Verwaltung schlecht arbeitet oder dass Sie sich gegen notorische Quertreiber wappnen müssen. Mehr Klarheit darüber schafft die Kontaktaufnahme mit der Hausverwaltung, dem Beirat oder einzelnen Mitgliedern der Eigentümergemeinschaft.

# Finden, vergleichen, verhandeln

**Bei der Suche nach dem neuen Eigenheim besteht der erste Schritt darin, die infrage kommenden Angebote auf dem Markt zu finden. Danach gilt es, die Vor- und Nachteile der einzelnen Immobilien richtig zu vergleichen und am Ende einen günstigen Preis herauszuhandeln.**

Nach der Lektüre der vorhergehenden Kapitel wissen Sie, worauf es bei Neu- und Altbau, Wohnungs- und Hauskauf ankommt und welche Entscheidungskriterien Sie beachten sollten. Doch jetzt stehen Sie vor der nicht ganz einfachen Aufgabe, Ihre Traumimmobilie zu finden und am Ende nicht zu viel Geld dafür zu bezahlen.

Diese Aufgabe können Sie am besten erfüllen, wenn Sie sich selbst genügend Zeit geben und sich auch von außen nicht unter Zeitdruck setzen lassen. Denn sonst gehen Sie unter Umständen das Risiko ein, eine falsche Wahl zu treffen oder einen zu hohen Kaufpreis zu akzeptieren. Seien Sie sich stets darüber im Klaren: Eine verpasste Kaufgelegenheit ist weitaus weniger schlimm als eine teure Immobilie, die nicht zu Ihnen passt und Ihnen nach dem Kauf wie ein Klotz am Bein hängt.

Der Start in die Suchphase beginnt mit dem „Abenteuer Marktforschung": Was Sie unbedingt brauchen, ist ein Gespür für die richtigen Angebote und die realistischen Preisvorstellungen – befassen Sie sich also am besten frühzeitig mit den am Markt befindlichen Angeboten.

## Wo Sie Immobilienangebote finden

In gewisser Hinsicht geht es am Immobilienmarkt ähnlich zu wie an der Aktienbörse: Feste Preise gibt es nicht – was letztendlich bezahlt wird, regelt sich über den Mechanismus von Angebot und Nachfrage. Vor allem wenn Sie sich bislang noch wenig mit dem Wohnungs- oder Hauskauf befasst haben, sollten Sie alle verfügbaren Informationsquellen nutzen, um einen Überblick über die Angebote zu erhalten. Dabei stehen Ihnen die unterschiedlichsten Medien und Informationskanäle zur Verfügung.

### Anzeigenportale im Internet

Die beliebteste und wichtigste Anlaufstelle für Immobiliensuchende sind Anzeigenportale im Internet. Zu den Marktführern zählen ImmoScout24 (www.immobilienscout24.de), eine Tochtergesellschaft der im M-Dax notierten Börsenholding Scout24 SE, und Immowelt (www.immowelt.de), ein Unternehmen des Axel-Springer-Konzerns.

Darüber hinaus sind Immobilienangebote auch auf Kleinanzeigenportalen wie kleinanzeigen.de oder quoka.de zu finden. Diese Portale haben für Verkäufer den Vorteil, dass Verkaufsanzeigen in der Basisversion kostenlos sind, während Immobilienscout24 und Immowelt nur kostenpflichtige Anzeigen verkaufen. Allerdings ist bei Immobilienscout24 und Immowelt die Suche komfortabler und das Angebot ist vielfältiger als auf den Kleinanzeigenportalen.

Die Angebote auf Immobilienportalen können sowohl von privaten Verkäufern wie auch von Maklern stammen. Wenn Sie von einem Makler ein Exposé anfordern, hat jener bereits den „Nachweis" geleistet. Das bedeutet für Sie: Wenn Sie die Immobilie kaufen, deren Unterlagen Sie über eine Makler-Internetseite angefordert haben, müssen Sie dem Makler auch Provision bezahlen. Daher sollten Sie immer prüfen, ob hinter dem Online-Angebot ein privater Verkäufer oder ein Makler steckt.

### Lokalzeitung und Anzeigenblätter

Auch wenn die Bedeutung von gedruckten Zeitungen und Anzeigenblättern in den vergangenen Jahren immer weiter zurückgegangen ist, sind dort immer noch Immobilienanzeigen zu finden. In den Kleinanzeigen finden Sie vor allem Angebote von privaten Immobilienverkäufern, die ihr Haus, ihre Wohnung oder ihr Grundstück veräußern möchten.

Manchmal bieten private Verkäufer ihre Immobilie unter Chiffre an, um unerwünschte Makleranrufe zu unterbinden. Hier nutzt es nichts, sich bei der Zeitung oder dem Anzeigenblatt nach dem Auftraggeber zu erkundigen – Sie werden in diesem Fall garantiert keine Anschrift oder Telefonnummer erhalten. Senden Sie bei Interesse einfach eine Postkarte mit der Chiffre-Nummer und Ihren Kontaktdaten an die Anzeigenabteilung des Blatts, damit diese an den Auftraggeber weitergeleitet wird.

GUT ZU WISSEN

### Was Abkürzungen in Kleinanzeigen bedeuten

Bei Kleinanzeigen ist der Platz begrenzt, und deshalb wimmelt es in Immobilienofferten von Abkürzungen. Hier finden Sie ein kleines Abkürzungsverzeichnis, das Ihnen beim Verstehen hilft.

Bj. = Baujahr
DG = Dachgeschoss oder Doppelgarage
DHH = Doppelhaushälfte
DP = Doppelparker
EBK = Einbauküche
EFH = Einfamilienhaus
erschl. = erschlossen
ELW = Einliegerwohnung
ETW = Eigentumswohnung
Grdst. = Grundstück
KP = Kaufpreis
NB = Neubau
Nfl. = Nutzfläche
Prov. = Provision
REH = Reiheneckhaus
ren. = renoviert
RH = Reihenhaus
Stpl. = Stellplatz
TG = Tiefgarage
verm. = vermietet
VB, VHB = Verhandlungsbasis
VS, VHS = Verhandlungssache
WE = Wohneinheiten
Wfl. = Wohnfläche
Whg. = Wohnung
ZH = Zentralheizung
Zi. = Zimmer

## Bei welchen Begriffen Sie hellhörig werden sollten

Bei manchen Begriffen in Immobilienanzeigen sollten Sie vorsichtig sein – denn diese können etwas ganz anderes bedeuten, als Sie vielleicht meinen. So manche blumige Umschreibung soll schlicht und einfach einen Makel schönreden. Diese Umschreibungen werden landläufig gerne als „Maklerprosa" bezeichnet. Wenn einer der folgenden Begriffe auftaucht, sollten Sie hellhörig werden und nachhaken:

→ **„Zentrale Lage".** Im Orts- oder Stadtkern beeinträchtigt oft Verkehrslärm die Wohnqualität, außerdem ist mit enger Bauweise und fehlendem Garten zu rechnen.

- **„Verkehrsgünstig".** Hier ist die laute Straße oder Eisenbahnstrecke nicht weit entfernt.
- **„Historisch".** Historische Gebäude stehen oft unter Denkmalschutz, deshalb müssen Sie mit massiven Einschränkungen bei einer gewünschten Umgestaltung rechnen.
- **„Frei nach Absprache".** Ein Hinweis darauf, dass das Haus oder die Wohnung noch vermietet ist und der Mieter oder die Mieterin keine Bereitschaft zeigt, freiwillig auszuziehen. Falls keine verbindliche Willenserklärung zum Auszugstermin vorliegt: Lassen Sie besser die Finger davon!
- **„Außergewöhnliche Architektur".** Meist das Gegenteil von einer praktischen Aufteilung der Wohnräume.
- **„Renovierungsbedürftig".** Eine vornehme Umschreibung für „abbruchreif".
- **„Teilrenoviert".** Von den erforderlichen Renovierungsarbeiten ist eher der kleinste als der größte Teil erledigt.
- **„Objekt mit Potenzial".** Irgendwo zwischen „renovierungsbedürftig" und „teilrenoviert".

## Direktanfragen bei Bauträgern

Wenn Sie eine Neubauwohnung oder ein schlüsselfertiges neues Haus suchen, können Sie auch ohne den Umweg über das Anzeigenstudium ganz direkt auf die Bauträger in Ihrer Region zugehen. Dort erfahren Sie nicht nur Einzelheiten über die im Bau befindlichen Projekte. Oft informieren Bauträger ihre vorgemerkten Interessenten schon vor dem eigentlichen Verkaufsstart über geplante Neubauvorhaben, für die noch nicht offiziell geworben wird.

Bei Neubauten sollten Sie immer direkt mit dem Bauträger Kontakt aufnehmen und sich nicht über Banken oder Makler erkundigen. Denn diese Vermittler verlangen meist vom Bauträger eine Vermittlungsprovision von 3 bis 5 Prozent des Verkaufspreises – und diese schmälert Ihren Spielraum bei der Preisverhandlung.

In dem Moment, in dem Sie ein Makler oder eine Bank über eine Immobilie informiert, entsteht auch deren Provisionsanspruch – unabhängig davon, ob Sie spätere Besichtigungen und Verhandlungen allein oder in Begleitung eines Vermittlers durchführen. Mehr zum Umgang mit Maklern und Banken als Vermittler erfahren Sie im Kapitel „Der Umgang mit Immobilienmaklern" (→ Seite 167).

## Welche Unterlagen für den Vergleich wichtig sind

Um die Angebote richtig vergleichen zu können, benötigen Sie ausreichende Informationen. Das muss nicht gleich die komplette Baubeschreibung des Bauträgers mit über 100 Seiten Umfang sein. Doch einige wichtige Fakten müssen bei Neu- und Altbauten auf jeden Fall enthalten sein, damit Sie sich ein realistisches Bild machen können:

→ Lageplan
→ Angaben zur Infrastruktur am Ort (zum Beispiel Einkaufsmöglichkeiten, Kindergarten, Schulen, Ärzte, öffentliche Verkehrsmittel)
→ Grundrisse
→ Wohn- und Nutzflächenberechnung
→ Aussagen zum Bauzustand (zum Beispiel renovierungsbedürftig, sehr gepflegt, vor Kurzem renoviert) und zur Wärmedämmung
→ Baujahr
→ Angaben zu Sonderausstattung (zum Beispiel Kachelofen, Parkettböden, Wintergarten)
→ Angaben zu zusätzlichen Nutzflächen wie Garage, separate Stellplätze, Kellerräume oder Terrassen
→ Verkaufspreis

Wenn es sich um eine Eigentumswohnung handelt, sollten darüber hinaus die folgenden Informationen enthalten sein:

- → Anzahl der Parteien im Haus
- → Nebenkostenabrechnungen und Stand der Rücklagen
- → Stockwerk, in dem sich die Wohnung befindet
- → Protokoll der letzten Eigentümerversammlung

## Wie Sie Gespür für realistische Marktpreise bekommen

Der Begriff „Preistransparenz" zählt leider nicht zu den Schlagworten, mit denen sich der Immobilienmarkt beschreiben lässt. Jede Wohnung und jedes Haus ist ein individuelles Produkt, und je nach Schwierigkeitsgrad und Qualität können schon die reinen Herstellungskosten stark variieren. Dazu kommen noch „weiche" Faktoren wie Lage, Zuschnitt oder eine günstige Verkehrsanbindung, wobei insbesondere die Lage des Hauses oder der Wohnung maßgeblichen Einfluss auf den Preis hat.

Dennoch können Sie im Lauf der Zeit zumindest ungefähr herausfinden, ob der verlangte Kaufpreis den Marktverhältnissen entspricht. Dafür ist es jedoch notwendig, dass Ihnen Informationen über eine ausreichende Anzahl möglichst gut vergleichbarer Immobilien vorliegen – daher auch die Empfehlung, sich frühzeitig eine Vielzahl an Unterlagen zuschicken zu lassen.

### Der Preisvergleich bei Wohnungen

Bei Wohnungen kommt es weniger auf die Grundstücksgröße an – zumal der Grundstücksanteil nur als abstrakter Miteigentumsanteil ausgewiesen ist –, sondern auf die Fläche, die Ihnen zum Wohnen zur Verfügung steht. Schauen Sie sich vergleichbare Wohnungen an, und ermitteln Sie den Preis pro Quadratmeter Wohnfläche, indem Sie den Kaufpreis durch die Anzahl der Quadratmeter teilen.

Passen Sie auf, dass die Wohnfläche korrekt ermittelt wird. Wenn keine Wohnflächenberechnung des Bauträgers vorliegt, sollten Sie sich nicht blind auf die Angaben des Verkäufers oder der Verkäuferin verlassen. So mancher Wohnungsbesitzer schummelt noch ein paar Quadratmeter dazu, um einen höheren Verkaufspreis durchzusetzen.

Bei Berechnungen von Bauträgern können Sie normalerweise davon ausgehen, dass die Wohnfläche korrekt ermittelt wurde. Jeder Unternehmer ist verpflichtet, die Fläche anhand der DIN-Vorschriften auszuweisen – da bleibt nicht allzu viel Spielraum für fragwürdige Rechenkünste.

Abstellplätze für Autos werden üblicherweise separat in die Wertermittlung einbe-

GUT ZU WISSEN

### Berechnung der Wohnfläche

Nicht jeder Quadratmeter, der zur Wohnung gehört, darf auch der Wohnfläche zugerechnet werden. Bei der Wohnflächenermittlung dürfen in vollem Umfang nur die eigentlichen Wohnräume, beheizbare Wintergärten und Abstellräume innerhalb der Wohnung in die Berechnung einfließen: Zu 50 Prozent zählen Flächen unter Dachschrägen mit mindestens einem Meter und weniger als zwei Metern lichter Höhe sowie Balkone, Loggien, Dachgärten, Freisitze und nicht beheizbare Wintergärten. Nicht zur Wohnfläche gehören Abstellräume außerhalb der Wohnung, Dachböden, Garagen und Flächen unter Dachschrägen mit weniger als einem Meter lichter Höhe.

zogen – bei einem Komplettpreis sollten Sie diese somit der besseren Vergleichbarkeit halber herausrechnen. Am unteren Ende der Preisskala steht der Stellplatz im Freien, gefolgt vom Platz im Doppelparker und dem etwas teureren Tiefgaragen-Einzelplatz. Am wertvollsten ist eine eigene Garage, die zumindest in begrenztem Umfang zusätzlichen Stau- und Abstellraum bietet.

→ **TIPP**

**Achten Sie darauf, dass Sie Wohnungen ungefähr desselben Baujahrs zum Vergleich heranziehen. Je älter und renovierungsbedürftiger eine Wohnung ist, umso größer ist natürlich auch der Preisabschlag.**

Beim Vergleich der Quadratmeterpreise werden Sie feststellen, dass es erhebliche Preisunterschiede geben kann. Sie sollten darauf achten, dass insbesondere Preisaufschläge auch durch Fakten gerechtfertigt sind. Wertsteigernd wirken sich beispielsweise aus:

- → helle Zimmer und eine praktische Raumaufteilung
- → bevorzugte, ruhige Wohnlage mit guter Verkehrsanbindung
- → besondere Ausstattungsmerkmale wie hochwertige Bodenbeläge oder eine bereits vorhandene Einbauküche
- → bei älteren Wohnungen bereits durchgeführte energetische Sanierungsmaßnahmen wie neue Fenster, Fassaden- und Dachdämmung
- → kleine Mehrfamilienhäuser mit nur wenigen Wohneinheiten
- → niedrige Nebenkosten oder bereits vorhandene hohe Rücklagen

Umgekehrt müssen in manchen Fällen auch Abstriche bei der Bewertung gemacht werden. Dies kann beispielsweise der Fall sein bei:

- dunklen Zimmern und verwinkelten Räumen
- Problemlagen mit Lärm- oder Geruchsbelästigungen
- hohen Nebenkosten oder bald zu erwartenden Renovierungsumlagen
- anonymen Wohnanlagen mit vielen Wohneinheiten

## Grundstücke und Häuser

Am übersichtlichsten ist der Immobilienmarkt im Segment der unbebauten Grundstücke – immerhin müssen Sie sich hier nicht mit unterschiedlichen Bauweisen, Bauqualitäten und Ausstattungsmerkmalen befassen. Der Preis ist logischerweise vorrangig von der Größe des Grundstücks und vom ortsüblichen Preisniveau abhängig. Innerhalb des Ortes spielt dann natürlich auch die Lage eine wichtige Rolle.

Doch auch bei der Ermittlung des marktgerechten Grundstückspreises lauert eine Falle: Wenn ein Bauplatz doppelt so groß ist, muss er noch lange nicht doppelt so viel wert sein. Natürlich ist es für Sie vorteilhafter, wenn Sie nicht 600 Quadratmeter, sondern 1.200 Quadratmeter Fläche für Ihr Einfamilienhaus zur Verfügung haben. Doch kaum ein Bauherr oder eine Bauherrin wird bereit sein, für die Verdoppelung eines ohnehin schon großzügigen Gartens den doppelten Bauplatzpreis zu bezahlen. Wenn ein Grundstück deutlich größer als 600 Quadratmeter ist und nur mit einem Einfamilienhaus bebaut werden darf, ist die darüber hinausgehende Fläche in der Bewertung eine sogenannte „Mehrfläche" – und diese wird nur zu einem Bruchteil des regulären Bauplatzpreises angesetzt.

> ACHTUNG
>
> **Erschließungskosten nicht vergessen!**
>
> Achten Sie beim Preisvergleich von Grundstücken darauf, ob es sich um die Preise für voll erschlossene Bauplätze handelt. Wenn noch nicht alle Erschließungskosten abgerechnet sind, müssen Sie die noch ausstehenden Aufwendungen in Ihre Kalkulation mit einbeziehen.

Wenn auf dem Grundstück bereits ein Haus steht, kommt es darauf an, um welchen Haustyp es sich handelt. Ähnlich gut vergleichbar wie Wohnungen sind Reihenhäuser und Doppelhaushälften, weil hier die Grundstücksgrößen, Wohnflächen und Grundrisse oft recht ähnlich sind. Wie bei Wohnungen kommt es auch hier auf Ausstattung und Zustand an. Je gepflegter das Haus und je höher die Qualität der Innenausstattung, umso höher ist auch der Preis.

Schwieriger wird der Fall, wenn es um die Wertermittlung von individuellen Einfamilienhäusern geht. Zwar gibt es Bewertungsverfahren, mit denen anhand von Grundstücksgröße, Bauvolumen und Zustand der Immobilie der sogenannte Verkehrswert ermittelt wird. Ob dieser jedoch identisch mit dem tatsächlichen Verkaufspreis ist, steht auf einem anderen Blatt. Die Praxis hat gezeigt, dass beim Verkauf von Häusern je nach Nachfrage der erzielte Verkaufspreis deutlich vom Verkehrswert abweichen kann – sowohl nach oben als auch nach unten.

Vor allem bei Ausstattungsmerkmalen von individuellen Häusern kommt es nicht darauf an, was sie einst gekostet haben, sondern welchen Nutzen sie Ihnen wirklich bringen. Aufwendige Stützmauern bei Häusern auf Hanggrundstücken rechtfertigen beispielsweise keinen höheren Kaufpreis, denn mit Sicherheit ließ sich der Vorbesitzer diesen Extraaufwand beim Grundstückskauf mit einem kräftigen Preisnachlass honorieren. Auch ein teures Schwimmbad im Haus ist angesichts der immensen Betriebskosten eher ein Kosten- als ein Wertsteigerungsfaktor. Wirklichen Nutzen in Form von niedrigem Energieverbrauch bringen hingegen Solaranlagen, Wärmepumpen oder eine besonders wirkungsvolle Wärmedämmung.

## Der Umgang mit Immobilienmaklern

Vor allem beim Kauf einer gebrauchten Wohnung oder eines älteren Hauses kommen Sie oft nicht umhin, sich auch mit Maklerangeboten zu befassen. Gerade beim Verkauf aus privater Hand zieht es der Eigentümer oder die Eigentümerin oft aus Gründen der Bequemlichkeit oder auch aus Unsicherheit vor, seine oder ihre Immobilie mithilfe eines Maklerbüros an den Markt zu bringen. Daher ist es für Sie wichtig zu wissen, wie die Spielregeln im Umgang mit Maklern aussehen, wann welche Provisionsansprüche entstehen und für welche Fehler der Makler oder die Maklerin haftet.

### Der Maklervertrag

Basis der Maklertätigkeit ist zunächst einmal der Vertrag, der zwischen Makler und Verkäufer geschlossen wurde. Darin gewährt der Verkäufer dem Makler das Recht, seine Immobilie anzubieten und im Fall eines erfolgreichen Verkaufs eine Provision zu verlangen. Bei der Provision gilt seit Ende 2020 das sogenannte Bestellerprinzip: Der Vertragspartner, der den Makler beauftragt hat, muss mindestens die Hälfte der Gesamtprovision übernehmen. Weil beim Immobilienerwerb der Maklerauftrag meist vom Verkäufer initiiert wird, bedeutet das, dass Sie als

Käufer oder Käuferin maximal die Hälfte der gesamten Provision zu tragen haben.

Wenn der Verkäufer die Dienste eines Maklerbüros in Anspruch nehmen will, kann er diesem entweder einen einfachen Auftrag oder einen Alleinauftrag erteilen. Wenn sich der Eigentümer oder die Eigentümerin beim Verkauf seiner oder ihrer Immobilie alle Türen offenhalten will – einschließlich der Möglichkeit, das Objekt in Eigenregie anzubieten oder mit anderen Maklern zusammenzuarbeiten –, erteilt er oder sie dem Makler lediglich einen **einfachen Auftrag**. Der Makler darf im Fall einer erfolgreichen Vermittlung zwar die vereinbarte Provision verlangen. Wenn jedoch die Konkurrenz schneller ist, geht er leer aus, dasselbe Schicksal ereilt ihn auch im Fall des rein privaten Verkaufs.

Verständlicherweise wird hier der Makler mit seinen Werbeaufwendungen eher vorsichtig umgehen. Immerhin ist das Risiko groß, dass am Ende ein anderer das Geschäft macht und der ganze Aufwand vergebens war. Überdies hat der Auftraggeber hier auch nicht das Recht, vom Makler einen Mindestaufwand in Form von Anzeigenschaltungen zu verlangen. Ob die Vermittlung gelingt, ist bei dieser Vertragsform eher vom Zufall abhängig.

Jeder Makler, der eine gewisse Marktposition vorweisen kann, wird versuchen, vom Auftraggeber einen **Alleinauftrag** zu verlangen. Hier bekommt der Makler das exklusive Vertriebsrecht. Dies kann so weit gehen, dass es dem Eigentümer sogar untersagt ist, auf eigene Faust Interessierte zu suchen. Verkauft er seine Immobilie unerlaubterweise privat, muss zwar der Käufer keine Maklerprovision zahlen – aber der Verkäufer muss die vereinbarte Verkäuferprovision entrichten. Eine Ausnahme besteht dann, wenn die Vereinbarung so ausgestaltet ist, dass keine fremden Makler beauftragt werden dürfen, aber private Verkaufsbemühungen möglich sind.

Auf der anderen Seite kann sich beim Alleinauftrag der Verkäufer darauf verlassen, dass der Makler auch für ihn aktiv wird. Im Rahmen des Marktüblichen muss der Makler Anzeigen schalten, bestehende Interessenten informieren, das Angebot in seinen Aushang mit aufnehmen und ein Exposé erstellen. Tut er dies nicht, hat er auch keinen Entschädigungsanspruch, wenn der Kunde mangels Aktivität einen anderen Vertriebsweg sucht.

Sowohl einfacher Auftrag wie auch Alleinauftrag haben eine Laufzeit, die zwischen Verkäufer oder Verkäuferin und Makler oder Maklerin frei vereinbart werden kann. Üblicherweise liegt die Vertragslaufzeit bei drei bis sechs Monaten.

### Nachweis und Vermittlung

Strittig ist oft die Frage, wann ein Provisionsanspruch des Maklers oder der Maklerin entsteht. Entscheidend ist dabei, ob in juristischer Hinsicht ein „Nachweis“ oder eine „Vermittlung“ vorliegt.

Der Begriff der „Vermittlung“ wird in diesem Zusammenhang oft missverstanden. Darunter fällt nämlich nicht die Tatsache, dass eine Immobilie vermittelt wird. Die Vermittlung im rechtlichen Sinn beschränkt sich auf die Tätigkeit des Maklers während der Verhandlung zwischen Verkäufer und Interessent. Der Makler ist hier zwischen beiden Parteien als Vermittler tätig und sorgt dafür, dass sich beide so weit entgegenkommen, dass eine Einigung möglich ist. Vermitteln ist danach das bewusste, finale Herbeiführen der Abschlussbereitschaft der Vertragspartner des künftigen Hauptvertrags.

Die oft als „Vermitteln“ bezeichnete Hilfe bei der Suche fällt hingegen unter den rechtlichen Begriff des „Nachweises“. Das heißt in der Praxis: Der Makler macht Sie mit etwas bekannt, das Sie vorher nicht wussten. Das können die Adresse der zum Verkauf stehenden Immobilie und die Telefonnummer der Besitzerin sein, die Durchführung einer gemeinsamen Besichtigung oder die Ihnen bisher unbekannte Preissenkung. Wenn Ihnen jedoch der Makler Unterlagen über ein Objekt schickt, das Ihnen bereits bekannt ist, kann dies nicht als Nachweis gewertet werden.

**→ TIPP**

**Wenn Sie von einem Maklerbüro Unterlagen zu einer Immobilie erhalten, die Ihnen bereits bekannt ist und bei der Sie schon mit dem Verkäufer oder der Verkäuferin in Kontakt stehen, sollten Sie umgehend den Makler darüber informieren, dass Ihnen das Objekt bereits bekannt ist und Sie vom Makler weder weitere Unterlagen noch die Einschaltung in die Kaufverhandlungen wünschen. Damit können Sie Streitigkeiten um ungerechtfertigte Provisionsforderungen vorbeugen.**

## Wann der Makler Anspruch auf Provision hat

Grundsätzlich gilt: Nur dann, wenn der Makler oder die Maklerin entweder in Form des Nachweises oder in Form der Vermittlung für Sie tätig war, darf er oder sie von Ihnen Provision verlangen. Deren Höhe liegt für Käufer je nach Region meist zwischen 2,98 und 3,57 Prozent – jeweils inklusive Mehrwertsteuer – des Kaufpreises der Immobilie. Haben Sie privat eine Immobilie erworben, obwohl die Verkäuferin einen Exklusivvertrag mit einem Immobilienmakler geschlossen hatte, müssen Sie keine Provision bezahlen. Der Makler hat lediglich das Recht, von der Verkäuferin wegen Vertragsverletzung eine Entschädigung zu fordern.

Eine weitere Voraussetzung liegt darin, dass ein erfolgreich abgeschlossener Kaufvertrag vorliegen muss. Wird dieses Ziel nicht erreicht, erhält der Makler grundsätzlich keinen Cent. Er darf weder vom Verkäufer Kostenerstattung für geschaltete Anzeigen verlangen noch von einer Interessentin Gebühren für die Erstellung und Zusendung der Unterlagen.

Für Sie als Käufer oder Käuferin lauert beim Umgang mit Maklern eine Falle: Wenn Sie nämlich beim Kauf Ihrer Immobilie mehrere Makler eingeschaltet haben, kann es Ihnen unter Umständen passieren, dass von Ihnen mehrfach die volle Käuferprovision verlangt wird – und das ganz legal!

Wie schon erwähnt, gilt auch hier die Regel: Haben Sie festgestellt, dass Ihnen ein Makler Informationen über eine bereits bekannte Immobilie liefert, müssen Sie umgehend aktiv werden. Teilen Sie dem Makler schriftlich und am besten per Einschreiben mit, dass Ihnen alle Unterlagen über das betreffende Objekt bereits vorliegen, schicken Sie die Informationen postwendend zurück und brechen Sie die Zusammenarbeit ab; andernfalls könnten unter Umständen zwei Makler Nachweis oder Vermittlung geltend machen.

### Wofür ein Makler haftet

Wenn Ihnen ein beauftragter Makler wissentlich Mängel oder gravierende Nachteile verschweigt, kann er Ihnen gegenüber schadenersatzpflichtig werden. Denn Sie haben einen Anspruch auf umfassende Information, wenn Sie die Informationen über eine Immobilie von einem Makler beziehen. Ebenso können Sie erwarten, dass der Makler alle notwendigen Auskünfte vom Eigentümer eingeholt hat.

Haftungsansprüche können beispielsweise dann entstehen, wenn der Makler oder die Maklerin zu Ihnen sagt, die Wohnung würde umgehend frei werden, obwohl er oder sie genau weiß, dass noch nicht einmal der seit vielen Jahren laufende Mietvertrag gekündigt ist. In diesem Fall könnten Sie von ihm oder ihr verlangen, die Mehrkosten für die längere Zwischenfinanzierung zu übernehmen.

Die Haftungsregelungen gelten auch für die Immobilien- und Kreditabteilungen von Banken und Sparkassen, die oft ebenfalls als Immobilienmakler am Markt tätig sind.

## Die richtige Verhandlungstaktik

Wohl dem, der eine Krämerseele hat – denn auf dem Immobilienmarkt geht es nicht viel anders zu als auf dem Flohmarkt. Da wird gefeilscht und getrickst, je nach Marktlage Interesse oder Desinteresse geheuchelt, und wer das bessere Talent zum Pokern hat, streicht am Ende den Profit ein: Ist es der Verkäufer, freut er sich über einen höheren Verkaufspreis – und wenn es die Käuferin ist, konnte sie dem Vorbesitzer ein paar Tausend Euro abluchsen.

Nun zählen Sie vielleicht zu denjenigen, für die das Feilschen und Schachern zu den unangenehmsten Dingen überhaupt zählt. Doch beim Immobilienkauf lohnt es sich, zumindest ein bisschen über den eigenen Schatten zu springen.

Auf keinen Fall sollten Sie im Preisgespräch Schwäche zeigen oder sich in irgendeiner Form unter Druck setzen lassen. Seien Sie sich stets darüber im Klaren: Eine verpasste Gelegenheit ist weitaus weniger gravierend als eine zu teuer gekaufte Immobilie.

Je nachdem, ob Sie einen Neubau vom Bauträger oder eine gebrauchte Immobilie erwerben, sollten Sie einige unterschiedliche Grundregeln beim Verhandeln beachten.

## Verhandeln mit Bauträgern

Zwar bietet der Bauträger sein Haus oder seine Wohnung zum schlüsselfertigen Festpreis an – doch dieser wird längst nicht immer auch wirklich bezahlt. Wenn Sie also laut und deutlich verkünden, dass Sie genau dieses eine Reihenhaus unbedingt kaufen wollen, werden Sie den Anbieter schwerlich zu Zugeständnissen bewegen können. Immerhin kann er dann sicher sein, dass Sie den geforderten Preis auch bezahlen werden.

Doch wenn Sie ihn im Unklaren lassen und eher die Vorzüge der Konkurrenz hervorheben und der Bauträger womöglich noch unter Verkaufsdruck steht, können Sie schon den einen oder anderen Preisnachlass erzielen.

**→ TIPP**

Am reinen Kaufpreis ist häufig nicht viel zu bewegen. Zu groß wäre das Risiko für den Bauträger, dass bei Bekanntwerden „echter" Rabatte das unliebsame Zugeständnis zum Standard wird. Mehr Spielraum gibt es jedoch, wenn es beispielsweise beim Kauf einer Wohnung um den Stellplatz oder die Garage für das Auto geht. Hier können Sie darauf bestehen, einen zusätzlichen Stellplatz fürs Zweitauto gratis zu bekommen oder den Einzelplatz in der Tiefgarage zum Preis eines Stellplatzes im Freien zu erhalten.

Weitere Möglichkeiten eröffnen sich, wenn Sie die meist recht dürftige Grundausstattung einer Immobilie mit Sonderwünschen aufwerten wollen. Hier müssen Sie allerdings frühzeitig aktiv werden. Haben Sie nämlich den Kaufvertrag bereits unterzeichnet, ist jeder Sonderwunsch ein willkommener Anlass für den Bauträger, nochmals Aufschläge zu verlangen. Sie können sicher sein: Für jede zusätzliche Steckdose, jeden wertvolleren Bodenbelag und jede außergewöhnliche Wandfliesensorte müssen Sie kräftige Aufpreise bezahlen. Ihre Verhandlungsposition bessert sich hingegen schlagartig, wenn Sie Ihre Unterschrift unter den Vertrag davon abhängig machen, dass Ihre Sonderwünsche zu besonders günstigen Preisen erfüllt werden. Damit Sie ganz sicher wissen, was im Festpreis enthalten ist und was Sonderleistungen sind, sollten Sie die Baubeschreibung, in der alle Leistungen enthalten sind, zusammen mit einem Baufachmann oder einer Baufachfrau Punkt für Punkt prüfen.

Stellen Sie vor der endgültigen Verhandlung eine detaillierte Liste mit allen Extras auf, die zur Ausstattung Ihrer Immobilie gehören sollen. Legen Sie die Liste dem Bauträger vor und handeln Sie bei jedem Punkt „bis zur Schmerzgrenze“. Dass als Gegenleistung für die Bezahlung des Listenpreises kostenlose Sonderausstattungen im Wert von 5.000 bis 10.000 Euro mehr oder weniger zähneknirschend eingeräumt werden, können Sie als marktüblich betrachten. Die endgültige Vereinbarung über Sonderwünsche sollten Sie dann zum festen Bestandteil des Notarvertrags machen, damit alles hieb- und stichfest bewiesen werden kann.

Wenn Sie Eigenleistungen erbringen, sollten Sie den dafür fälligen Preisnachlass zum Gegenstand Ihrer Verhandlung machen. Zunächst einmal gilt: Kein Bauträger ist daran interessiert, Eigenleistungen angemessen zu vergüten – immerhin verdient er ja an jeder Handwerkerleistung kräftig mit. Zudem müssen Sie bedenken, dass Sie beim Verzicht auf eine Handwerkerleistung nicht nur die Arbeit selbst verrichten, sondern auch die Kosten für das Material übernehmen müssen. Und deshalb sollten Sie in der Diskussion über den Nachlass für Eigenleistungen auch berücksichtigen, dass damit sowohl Ihr zusätzlicher Arbeitsaufwand als auch die Materialkosten abgedeckt sind.

> ACHTUNG
>
> **Risiko bei Eigenleistungen**
>
> Bei der Übernahme von Eigenleistungen sollten Sie daran denken, dass Sie für Terminverzögerungen anderer Gewerke, die auf Ihre Arbeit folgen, verantwortlich sind; das schließt auch das finanzielle Risiko infolge der terminlichen Verzögerung ein. Außerdem entfällt die Gewährleistung des Bauträgers für diese Leistungen und je nach Konstellation womöglich auch für die Schnittstellen zu anderen Gewerken.

> ACHTUNG
>
> **Drohende Qualitätsmängel**
>
> Wenn der Alteigentümer noch Renovierungsarbeiten durchführen soll, müssen Sie auf die Qualität achten. Hier ist nämlich die Versuchung vorhanden, dass der billigste Anbieter genommen wird – Hauptsache, es hält bis zur Übergabe.

## Verhandeln beim Kauf gebrauchter Wohnungen und Häuser

Andere Ansatzpunkte haben Sie dagegen beim Kauf einer gebrauchten Immobilie. Hat beispielsweise die Besitzerin oder der Besitzer bereits eine andere Immobilie gekauft und braucht das Geld dringend für deren Finanzierung, können Sie die Schnelligkeit zum Argument für das Preiszugeständnis machen. Wenn Sie schon sicher wissen, dass Sie genau dieses Objekt kaufen wollen, können Sie der Verkäuferin oder dem Verkäufer in Aussicht stellen, dass Sie sich bei einer Preisreduzierung innerhalb weniger Tage endgültig entscheiden werden.

Sind im angebotenen Haus oder in der Wohnung noch Reparatur- oder Renovierungsarbeiten durchzuführen, können Sie diese für Ihre Argumentation nutzen.

Werden die Reparaturen im Kaufpreis mit angeboten, erklären Sie sich bereit, gegen einen kräftigen Nachlass die Reparaturen in Eigenleistung durchzuführen. Sind Sie handwerklich weniger begabt, können Sie genau umgekehrt vorgehen: Akzeptieren Sie den Kaufpreis – aber nur unter der Voraussetzung, dass der derzeitige Besitzer noch die eine oder andere Renovierungsarbeit auf seine Kosten durchführt.

Bei Wohnungen oder Häusern, die nur schwer verkäuflich sind, ist der Verhandlungsspielraum natürlich am größten. Dazu zählen beispielsweise Häuser mit sehr kleinem Grundstück, Wohnungen in großen Wohnblocks sowie Immobilien mit unpraktischen Grundrissen oder in ungünstiger

Lage. Stört Sie der jeweilige Nachteil nicht, sollten Sie sich das auf keinen Fall anmerken lassen. Machen Sie das – für Sie unwichtige – Problem zum Hauptargument der Preisverhandlung. Erklären Sie, dass Sie trotz der erheblichen Nachteile zum Kauf bereit sind – natürlich gegen entsprechend großzügige Zugeständnisse.

Auch den Faktor Zeit können Sie in der Preisverhandlung nutzen – nämlich dann, wenn der Verkäufer oder die Verkäuferin noch eine Übergangsfrist bis zum Einzug ins neue Heim benötigt. Zeigt sich der Besitzer oder die Besitzerin beim Kaufpreis flexibel, können Sie ihm oder ihr im Gegenzug eine günstige Miete bis zur endgültigen Übergabe in Aussicht stellen.

# Vom Grundbuch-Check bis zum Notarvertrag

**Sind sich Verkäufer und Käuferin über den Immobilienerwerb einig geworden, wird der Kaufvertrag beim Notar abgeschlossen. Dieser Schritt sollte gut vorbereitet sein, um unliebsame Überraschungen auf der Zielgeraden auszuschließen.**

Wenn Sie die Immobilie Ihrer Wahl gefunden haben, wird es amtlich: Der Kaufvertrag wird nicht einfach per Handschlag geschlossen, sondern muss schriftlich niedergelegt und von einem Notar oder einer Notarin beurkundet werden. Erst wenn er oder sie die Vertragsurkunde unterzeichnet hat, wird der Vertrag rechtsgültig. Auf Basis des vom Notar oder von der Notarin beurkundeten Vertrags erfolgt dann die Eigentumsübertragung im Grundbuch.

Während Sie beispielsweise eine Bestellung bei einem Versandhändler rückgängig machen können, ist der notarielle Kaufvertrag ab dem Moment der Unterschrift unwiderruflich wirksam. Es gibt dann kein Zurück mehr – weder für die Käuferin noch für den Verkäufer. Gehen Sie deshalb den Abschluss des Notarvertrags mit der gleichen Sorgfalt an wie die Auswahl der Immobilie.

## Das Grundbuch

Das Grundbuch wird als öffentliches Verzeichnis bei den örtlich zuständigen Amtsgerichten oder Grundbuchämtern geführt. Es hat als amtliches Dokument einen besonderen Status und ist sozusagen der „Personalausweis" des Grundstücks. Hier sind alle Eigentumsverhältnisse, Rechte und Pflichten angegeben, die mit dem Grundstück verbunden sind.

Die Gliederung des Grundbuchs ist immer gleich:

- Das **Bestandsverzeichnis** beschreibt das Grundstück. Darin aufgeführt sind Größe, Lage, Nummer des Flurstücks sowie Angaben zum Stand der Bebauung.
- In der **Abteilung I** werden die Eigentumsverhältnisse dargelegt. In dieser Rubrik finden Sie somit die Personalien der aktuellen Eigentümer.
- Die **Abteilung II** enthält sogenannte Lasten und Beschränkungen wie beispielsweise Wege-, Nießbrauch- oder Wohnrechte.
- In die **Abteilung III** werden die Grundschulden und Hypotheken eingetragen – diese Rubrik stellt somit das „Schuldenregister“ des Grundstücks dar.

Wenn Einträge gelöscht oder geändert werden, gibt es eine einheitliche Spielregel: Ungültig gewordene Einträge werden nicht durchgestrichen, sondern rot unterstrichen – dieses Verfahren wird in allen Grundbuchabteilungen angewandt. Maßgeblich sind für Sie folglich alle Einträge, die nicht rot unterstrichen sind.

## Welche Einträge für Sie Nachteile bringen können

Alle Einträge im Grundbuch sind grundsätzlich unabhängig vom jeweiligen Eigentümer der Immobilie. Das bedeutet, dass Sie beim Kauf alle Eintragungen mit übernehmen. Auch als neuer Eigentümer oder neue Eigentümerin können Sie Einträge nicht einfach löschen lassen – denn hier gilt die Prämisse, dass ein Grundbuchrecht nur von demjenigen gelöscht werden kann, dem dieses Recht zusteht. So kann beispielsweise die Löschung einer Grundschuld nur dann erfolgen, wenn die begünstigte Bank damit einverstanden ist.

Zwar ist die Notarin oder der Notar verpflichtet, Sie beim Kauf auf eventuell bestehende Eintragungen zugunsten Dritter hinzuweisen. Dennoch sollten Sie schon frühzeitig prüfen, ob kritische Einträge vorhanden sind, damit bei Bedarf deren Löschung rechtzeitig vor Abschluss des Notarvertrags in Gang gesetzt werden kann.

Damit Sie die Konsequenzen von solchen Fallstricken schnell erkennen können, finden Sie hier eine Übersicht der häufigsten Grundbucheinträge:

- **Wegerecht.** Einer Nachbarin wird die Zufahrt zu ihrem Haus über das Grundstück gestattet. Damit müssen Sie ihr stets freien Zugang gewähren, und die Nutzung des Grundstücks ist eingeschränkt – das mindert den Wert erheblich.
- **Wohnrecht.** Dem oder der Berechtigten wird eingeräumt, zeitlebens einen Teil des Hauses oder auch das ganze Haus bewohnen zu dürfen, ohne dass er oder sie hierfür Miete bezahlen muss.

- **Nießbrauchrecht.** Der Nutznießer oder die Nutznießerin darf alle Einkünfte aus dem Haus wie zum Beispiel Miete oder Pacht für sich vereinnahmen. Das würde im Extremfall bedeuten, dass der Eigentümer einer vermieteten Wohnung bis zum Ableben des oder der Nießbrauchberechtigten keinen Cent von der Miete überwiesen bekommt.
- **Vorkaufsrecht.** Der oder die Vorkaufsberechtigte hat die Möglichkeit, beim Verkauf des Hauses dem Kaufinteressenten innerhalb einer bestimmten Frist zuvorzukommen. Allerdings muss er oder sie dabei dem Verkäufer den gleichen Preis bezahlen, den dieser mit dem ursprünglichen Käufer vereinbart hat.
- **Auflassungsvormerkung.** Dies bedeutet, dass bereits ein notarieller Kaufvertrag geschlossen wurde, die eigentliche Auflassung – das ist die Eintragung des neuen Eigentümers ins Grundbuch – jedoch noch nicht erfolgt ist. Dies gibt dem Berechtigten (also dem ursprünglichen Käufer) die Möglichkeit, einzugreifen, wenn der Verkäufer versucht, mit einem Dritten einen Kaufvertrag abzuschließen, weil dieser vielleicht einen höheren Preis geboten hat. Eine die Eigentumsumschreibung überholende Belastung oder Übereignung an einen anderen Käufer wäre unwirksam.

Wird ein Recht zugunsten einer öffentlichen Institution – beispielsweise der Gemeindeverwaltung – vereinbart, erfolgt die Eintragung nicht im Grundbuch, sondern im Baulastenverzeichnis der zuständigen Baubehörde. Dabei handelt es sich meist um Wege- oder Leitungsrechte (wie beispielsweise Wasserleitungen) zugunsten der Stadt oder Gemeinde. Ziehen Sie daher vor der Kaufentscheidung nicht nur den Grundbuchauszug, sondern auch den Auszug aus dem Baulastenverzeichnis zurate.

## So bereiten Sie den Notarvertrag vor

Mit der Unterschrift unter den notariellen Kaufvertrag erfolgt der wichtigste Schritt beim Immobilienkauf: Damit wird die Grundlage für den Eigentumsübergang des Grundbesitzes gelegt. Wenn sich schon vor dem Notartermin Käufer und Verkäufer in allen Punkten einig sind, läuft die Sitzung beim Notar reibungslos ab.

Nicht jeder Notartermin endet mit der Unterschrift des Kaufvertrags. Wenn sich Käufer und Verkäufer nicht sorgfältig darauf vorbereitet haben, stellen sich bei der Ausarbeitung des Kaufvertrags oft Differenzen heraus, die einen Neubeginn der Verhandlungen notwendig machen oder im ungünstigsten Fall sogar das Geschäft zunichtemachen können. Daher ist es wichtig, sich vor der Beauftragung des Notars in allen wesentlichen Punkten einig zu sein und den vorab vom Notar zugesandten Vertragsentwurf sorgfältig zu prüfen.

Der Kaufpreis ist dabei längst nicht der einzige Punkt, über den vor dem Vertragsabschluss Einigkeit herrschen sollte. Zunächst müssen Sie als Käufer oder Käuferin dafür sorgen, dass die Finanzierung gesichert ist. Zusammen mit der Bank wird das Finanzierungskonzept erstellt, das dann nach dem Notartermin unterschrieben werden kann. Viele Verkäufer verlangen vom Käufer eine Finanzierungsbestätigung der Hausbank, um sicherzustellen, dass dieser den Kaufpreis auch bezahlen kann.

Unterschiede gibt es bei der Vereinbarung der Zahlungsfristen. Häufig wird vereinbart, dass der Kaufpreis vier oder sechs Wochen nach dem Abschluss des Kaufvertrags zu zahlen ist. Das kann anders sein, wenn beispielsweise der Verkäufer noch einige Wochen oder Monate bis zum Auszug braucht. Entweder wird dann eine Übergangsmiete vereinbart, oder ein Teil des Kaufpreises wird erst nach der Übergabe der Wohnung oder des Hauses bezahlt.

Der Kaufpreis wird erst dann fällig, wenn folgende vom Notar zu prüfende Voraussetzungen erfüllt sind:

→ Es besteht eine Eintragung der Auflassungsvormerkung zugunsten des Käufers im Grundbuch.
→ Wenn im Grundbuch Belastungen wie zum Beispiel Grundschulden vorhanden sind und der Käufer diese nicht übernimmt, liegt dem Notar die entsprechende Löschungsbewilligung vor.
→ Von der zuständigen Gemeinde liegt eine Erklärung vor, wonach ein öffentliches Vorkaufsrecht nicht besteht oder nicht ausgeübt wird.

GUT ZU WISSEN

**Besonderheiten beim Kauf vom Bauträger**

Besonderheiten gibt es bei der Kaufpreiszahlung, wenn Sie ein Neubauobjekt von einem Bauträger kaufen. Hier schreibt die Makler- und Bauträgerverordnung vor, wie Schritt für Schritt nach Fertigstellung der einzelnen Bauabschnitte zu bezahlen ist.

Die Verteilung der Kosten funktioniert beim Abschluss des Notarvertrags meist recht einfach: Grunderwerbsteuer, Notarkosten und die Gebühren für die Eintragungen im Grundbuch übernimmt der Käufer, die Gebühren für die Löschung alter Grundschulden in der Regel der Verkäufer.

Die laufenden Kosten wie beispielsweise öffentliche Abgaben werden normalerweise

WICHTIG

**Auflassungsvormerkung eintragen lassen**

Lassen Sie sich als Käufer oder Käuferin eine Auflassungsvormerkung eintragen. Damit können Sie sicher sein, dass der Verkäufer nach dem Abschluss des Notartermins die Immobilie nicht mit Grundschulden belastet oder an einen anderen Interessenten verkauft – zum Beispiel, weil dieser einen höheren Preis bietet. Die Auflassungsvormerkung ist das wichtigste Sicherungsmittel des Käufers oder der Käuferin.

ab dem Zeitpunkt der Übergabe vom Käufer bezahlt. Doch hierbei – wie auch sonst im Notarvertrag – gilt: Es herrscht Vertragsfreiheit, und wichtig ist nur, dass sich Verkäufer und Käufer einig sind. Wie die Kostenverteilung im Einzelnen geregelt wird, ist Verhandlungssache. Kosten für bereits abgeschlossene und noch nicht abgerechnete Erschließungen sollte jedoch der Verkäufer tragen.

Denken Sie daran: Wenn auf Kosten des Verkäufers noch Mängel beseitigt werden sollen, lassen Sie dies im Notarvertrag festhalten. Damit haben Sie eine schriftliche Vereinbarung in der Hand, die Sie bei Bedarf als Druck- oder Beweismittel einsetzen können. Das Gleiche gilt für vereinbarte Vertragsstrafen, wenn ein Bauträger die Immobilie nicht fristgerecht fertigstellt.

Wenn Sie die Fachbegriffe beim Notartermin nicht auf Anhieb verstehen, sollten Sie sich nicht scheuen, den Notar oder die Notarin um eine Erläuterung zu bitten. Da dieser oder diese der Belehrungspflicht untersteht, muss er oder sie alle Fragen im Zusammenhang mit dem Kaufvertrag verständlich und ohne die Berechnung von zusätzlichen Gebühren beantworten. Gemeinsam mit dem Verkäufer können Sie den Notar oder die Notarin auch beauftragen, einen Vertragsentwurf anzufertigen, den Sie in aller Ruhe schon vor dem eigentlichen Notartermin durcharbeiten können. Das verkürzt die Dauer der Sitzung und hilft, eventuelle Missverständnisse rechtzeitig zu klären.

CHECKLISTE

Darüber sollten sich Käufer und Verkäufer vor dem Notartermin einig sein:

- ☐ Höhe des Kaufpreises
- ☐ Zeitpunkt der Zahlung des Kaufpreises nach Eintritt der vom Notar zu prüfenden Fälligkeitsvoraussetzungen
- ☐ Zeitpunkt der Übergabe der Immobilie
- ☐ bei Bedarf Höhe der Übergangsmiete
- ☐ Zeitpunkt des Übergangs der laufenden Kosten auf den Käufer
- ☐ Notwendigkeit einer Finanzierungsbestätigung
- ☐ eventuelle Übernahme von Grundschulden durch den Käufer
- ☐ Beseitigung von Mängeln auf Kosten des Verkäufers
- ☐ Höhe der Vertragsstrafe bei nicht fristgerechter Fertigstellung durch den Bauträger

# Ein Eigenheim ersteigern

**Der Erwerb eines Eigenheims in einer Zwangsversteigerung kann ein Schnäppchen sein, birgt jedoch auch finanzielle und rechtliche Risiken. Bevor Sie die Ersteigerung einer Immobilie in Betracht ziehen, sollten Sie die möglichen Fallstricke kennen und im Zweifelsfall von einem Gebot absehen.**

Jahr für Jahr kommen bei den etwa 800 Amtsgerichten in Deutschland mehr als 10.000 Immobilien unter den Hammer. Die häufigsten Gründe für die Zwangsversteigerung einer Immobilie sind:

- → Der Besitzer oder die Besitzerin hat sich überschuldet und kann die Kreditraten nicht mehr bezahlen. Die kreditgebende Bank macht dann von ihrem Recht Gebrauch, die Grundschulden per Zwangsversteigerung zu verwerten.
- → Sind als Besitzer zwei Ehepartner eingetragen, kommt es im Fall der Scheidung oft zu Streitigkeiten, wer die Immobilie übernimmt. Können die beiden sich über die Modalitäten für Übernahme oder Verkauf nicht einigen, bleibt als einzige Lösung nur noch die Zwangsversteigerung.
- → Ähnlich ist es im Erbschaftsfall, wenn sich die Erben nicht auf eine gemeinsame Verwertung des Grundbesitzes verständigen können. Dann wird die Immobilie zur Aufhebung der Erbengemeinschaft zwangsversteigert.

Aus welchen Gründen auch immer eine Immobilie versteigert wird, der Kaufpreis liegt oftmals deutlich unter dem eigentlichen Marktwert. Der Grund dafür ist der Zeitdruck: Bei der Zwangsversteigerung kann der Verkäufer nicht in aller Ruhe abwarten, bis er einen Käufer findet, der einen guten Preis für die Immobilie bezahlt. Ist die Zwangsversteigerung erst einmal angesetzt, muss der Verkauf schnell über die Bühne gehen – und dann wird auch ein Preis akzeptiert, der unter dem üblichen Marktniveau liegt.

## Wie die Zwangsversteigerung abläuft

Wenn der Besitzer oder die Besitzerin einer Immobilie seine oder ihre Schulden nicht mehr bezahlen kann und mit den Rückzahlungsraten in Verzug ist, kann die Bank, die die Grundschuld als Kreditsicherheit besitzt, beim zuständigen Amtsgericht die Zwangsversteigerung beantragen. Nachdem das Gericht die Ansprüche des Antragstellers geprüft hat, wird das Verfahren eingeleitet.

Zunächst einmal wird die Zwangsversteigerung bekannt gegeben – das geschieht mindestens sechs Wochen vor der Versteigerung durch Bekanntmachungen in lokalen oder regionalen Tageszeitungen. Im Internet sind Zwangsversteigerungen auf dem Justizportal der Länder zu finden unter www.zvg-portal.de.

Bis zum Versteigerungstermin liegt beim Gericht die Versteigerungsakte aus, die von Interessierten eingesehen werden kann. Hierin befinden sich:

→ das **Wertgutachten** eines vereidigten Schätzers über den Verkehrswert der Immobilie,
→ **Angaben über das Objekt** (Baujahr, Lage, Größe, Zustand etc.) sowie
→ ein **Grundbuchauszug**, der Aufschluss darüber gibt, ob besondere Belastungen wie zum Beispiel bestehende Wohn- oder Wegerechte vorhanden sind.

Die Versteigerung findet während der sogenannten „Bietstunde" statt. Diese dauert mindestens 30 Minuten und kann je nach Bedarf verlängert werden. Mitbieten dürfen Sie nur, wenn Sie die notwendige Sicherheitsleistung in Höhe von 10 Prozent des geschätzten Verkehrswerts hinterlegen.

Sobald Sie das erste Gebot abgeben, notiert der Rechtspfleger oder die Rechtspflegerin Ihre Personalien und kassiert die Sicherheitsleistung. Wer nach Ablauf der Bietstunde das höchste Gebot abgegeben hat, bekommt den Zuschlag und wird sofort Eigentümer oder Eigentümerin der Immobilie. Notarvertrag und Auflassung gibt es bei der Zwangsversteigerung nicht – die Umschreibung wird direkt vom Gericht veranlasst. Etwa sechs Wochen nach dem Zuschlag wird der gerichtliche Verteilungstermin angesetzt. Dann muss der Rest des Kaufpreises bezahlt werden.

Nicht jede zur Zwangsversteigerung anstehende Immobilie findet gleich beim ersten Versteigerungstermin eine Käuferin oder einen Käufer. Der Grund: Beträgt das höchste Gebot weniger als 70 Prozent des geschätz-

> **! ACHTUNG**
>
> **Kein Bieten ohne Finanzierung!**
>
> Bieten Sie bei einer Zwangsversteigerung nur mit, wenn Sie die Finanzierung bereits unter Dach und Fach haben. Denn: Wer den Zuschlag erhält und den Kaufpreis nicht bezahlen kann, dem droht direkt die nächste Zwangsversteigerung.

ten Verkehrswerts, darf der Grundschuldgläubiger dem Zuschlag widersprechen. Das kann insbesondere dann der Fall sein, wenn die Kreditbelastung so hoch ist, dass die Schulden aus dem Verkaufserlös nicht bezahlt werden können.

Liegt beim ersten Zwangsversteigerungstermin das höchste Gebot mehr als 50 Prozent unter dem Verkehrswert, können Sie den Zuschlag sowieso ad acta legen. In diesem Fall greift der gesetzliche Schuldnerschutz, der es verbietet, dass durch die Notlage des Schuldners sein Besitztum zu einem Bruchteil des Werts verschleudert wird.

Wenn der erste Zwangsversteigerungstermin nicht mit dem Verkauf der Immobilie endet, wird vom Gericht ein zweiter Termin festgesetzt. In diesem Zweittermin gibt es allerdings keine Mindestgrenzen mehr – und dann könnte rein theoretisch die Immobilie auch für 30 oder 40 Prozent des Verkehrswerts den Besitzer wechseln, ohne dass jemand dagegen vorgehen kann.

Bei Zweitterminen stehen oft „Problemimmobilien" zur Versteigerung an, die unter Umständen mit gravierenden Nachteilen oder Mängeln behaftet sein können. Prüfen Sie in solchen Fällen die Unterlagen vor dem Mitbieten besonders gründlich, um einen Fehlkauf zu vermeiden!

## Wie Sie sich richtig vorbereiten

Bei der Zwangsversteigerung ist vieles anders als beim „normalen" Immobilienkauf. Deshalb ist es für Sie unerlässlich, dass Sie sich richtig vorbereiten – nur so können Sie als Bieter oder Bieterin wirklich Erfolg haben. Bedenken Sie also die wesentlichen Unterschiede zwischen der Zwangsversteigerung und dem Kauf auf dem freien Markt:

→ Bei der Zwangsversteigerung können Sie nicht in aller Ruhe über den Kauf entscheiden. Der Zuschlag erfolgt in der Bietstunde – da brauchen Sie gute Nerven.

→ Der endgültige Verkaufspreis ist nicht von vornherein festgelegt. Wer sich vom Versteigerungstrubel anstecken lässt, läuft Gefahr, über sein persönliches Limit hinaus mitzubieten.

- Anders als beim Kauf vom Makler oder Bauträger gibt es keine Alternativangebote, die Sie in den Vergleich einbeziehen können. Sie müssen deshalb genau wissen, ob Sie die Immobilie wirklich ersteigern wollen!

Besonders hilfreich ist es daher, sich mit der Atmosphäre bei Zwangsversteigerungen vertraut zu machen. Besuchen Sie erst einmal ein paar Versteigerungen ohne konkrete Kaufabsicht und beobachten Sie genau, wie sich die Interessentinnen und Interessenten beim Bieten verhalten. Machen Sie sich ruhig Notizen und werten Sie die Ergebnisse für sich aus.

**→ TIPP**

**Gehen Sie in der Vorbereitungsphase möglichst zu Versteigerungen, bei denen Sie ganz sicher wissen, dass Ihnen die Immobilie nicht zusagt, denn sonst ärgern Sie sich vielleicht hinterher, dass ein für Sie attraktives Objekt zum Schnäppchenpreis unter den Hammer gekommen ist!**

Als Nächstes stecken Sie den Rahmen ab, in dem sich ein für Sie akzeptables Objekt befinden muss. Beantworten Sie für sich in aller Ruhe die folgenden Fragen:

- Suchen Sie eine Wohnung, ein Haus oder ein Baugrundstück?
- In welcher Gegend sollte sich die Immobilie befinden?
- Wie alt und wie renovierungsbedürftig darf die Immobilie sein?
- Wie hoch darf der Kaufpreis höchstens sein?
- Wollen Sie nach dem Kauf selbst einziehen oder das Objekt vermieten?

Haben Sie eine passende Immobilie ausfindig gemacht, steht der nächste Schritt an. Klären Sie mit Ihrer Hausbank die Finanzierung und veranlassen Sie, dass Ihnen zur Zwangsversteigerung die notwendige Sicherheitsleistung von 10 Prozent des Verkehrswerts zur Verfügung gestellt wird. Bei der Versteigerung werden als Sicherheitsleistung akzeptiert:

- Bargeld,
- ein von der Bank bestätigter Scheck oder
- eine Bürgschaft der Hausbank.

Der Scheck darf allerdings zum Zeitpunkt der Versteigerung nicht zu alt sein – die darauf vermerkte Vorlegungsfrist muss noch mindestens drei Tage über den Versteigerungstermin hinausgehen. Ist dies nicht der Fall, wird der Scheck nicht als Sicherheit akzeptiert.

Eine Bürgschaft lohnt sich nur dann, wenn Sie regelmäßig eine Zwangsversteigerung besuchen und mitbieten wollen. Die

Kosten hierfür sind deutlich höher als diejenigen, die für das Ausstellen eines bankbestätigten Schecks verlangt werden. Zum Vergleich: Einen bestätigten Scheck gibt es für gute Kunden zum Nulltarif, während eine Bürgschaft je nach Höhe einige Hundert Euro kosten kann.

## Was Sie über die Immobilie wissen müssen

Wenn Sie eine Immobilie gefunden haben, die Ihnen zusagt, sollten Sie sich rechtzeitig vor dem Versteigerungstermin um die nötigen Fakten kümmern.

Der erste Schritt ist, dass Sie die Versteigerungsakte einsehen, denn die dürftigen Angaben in der Bekanntmachung reichen als Entscheidungsgrundlage nicht aus. Im Amtsgericht ist die Versteigerungsakte hinterlegt, die alle wichtigen Daten und Fakten enthält. Prüfen Sie gründlich die Beschreibung des Objekts und vor allem auch den Grundbuchauszug. Wege-, Wohn- oder Nießbrauchrechte werden bei der Versteigerung meist nicht gelöscht.

Fragen Sie den Rechtspfleger, ob die Immobilie nach der Versteigerung lastenfrei übergeben wird. Der Rechtspfleger ist als Beamter des Gerichts mit der Zwangsversteigerung betraut und kann Ihnen Auskünfte über die entsprechende Immobilie geben. Falls dies nicht der Fall ist, müssen Sie selbst die Höhe der verbleibenden Belastungen ermitteln und hinterher Ihr Limit entsprechend absenken.

Auch das Wertgutachten ist meist Bestandteil der Versteigerungsakte – aber Vorsicht: Jeder Schätzer hat einen gewissen Spielraum, und jeder Gläubiger ist daran interessiert, dass die Immobilie möglichst hoch bewertet und dann auch zu einem hohen Preis verkauft wird. Prüfen Sie deshalb anhand vergleichbarer Immobilien, ob der angegebene Preis im Wertgutachten realistisch angesetzt ist, und nehmen Sie gegebenenfalls einen Abschlag vor!

Als Nächstes ist es ratsam, einen Besichtigungstermin zu vereinbaren. Nehmen Sie mit dem Besitzer der Immobilie Kontakt auf und fragen Sie ihn, ob Sie sein Haus oder seine Wohnung besichtigen können. Häufig zeigen sich die Besitzer kooperativ, denn sie wissen, dass sich nur durch Offenheit und fundierte Information ein guter Verkaufspreis erzielen lässt. Allerdings gilt: Auf die Besichtigung haben Sie keinen Rechtsanspruch.

→ **TIPP Kein Kauf ohne Besichtigung!**
Falls der Eigentümer die Besichtigung seiner zur Zwangsversteigerung anstehenden Immobilie verweigert, sollten Sie das Angebot gleich aus Ihrer Liste streichen. Wenn Sie sich nicht selbst

**vom Zustand überzeugen können, ist das Risiko zu groß, dass hinterher unkalkulierbare Mehrkosten aufgrund von Baumängeln oder Schäden auf Sie zukommen.**

Bei der Besichtigung können Sie auch gleich feststellen, ob und wie lange die Immobilie schon vermietet ist – das kann unter Umständen Ihren Einzug gewaltig verzögern. Ist sie vom Eigentümer selbst bewohnt, gelten bei der Räumung nur dann Härteklauseln, wenn ihm ein schneller Auszug aus Alters- oder Krankheitsgründen nicht zugemutet werden kann.

Wenn Sie alle Unterlagen geprüft und die Immobilie besichtigt haben, setzen Sie Ihr Limit, bis zu dem Sie mitbieten wollen. Ohne Limit wird das Steigern gefährlich – Sie laufen Gefahr, beim Kauf mehr zu bezahlen, als Sie ursprünglich wollten.

Je nach Immobilie sollte das Limit maximal etwa 80 bis 90 Prozent des Marktwerts betragen. Vergessen Sie dabei nicht, eventuelle „Altlasten" wie Wohn- und Wegerechte oder Rückstände bei den Wohngeldzahlungen ins Limit einzubeziehen!

Wichtig ist auch die frühe Kontaktaufnahme zum Hauptgläubiger – das ist in aller Regel die finanzierende Bank des Eigentümers. Sie können ihm beispielsweise anbieten, die Immobilie vor der Versteigerung zu einem von Ihnen vorgeschlagenen Preis zu übernehmen. Das klappt manchmal, und in solchen Fällen können Sie beim Kauf den Nervenkitzel sparen und vermeiden, dass Sie beim Bieten von Versteigerungsprofis hochgetrieben werden.

GUT ZU WISSEN

**Zwangsversteigerungen können abgesagt werden**

Findet sich im letzten Moment ein Käufer oder bekommt der Schuldner seine finanziellen Probleme in den Griff, wird die Zwangsversteigerung abgeblasen. Rufen Sie deshalb einen oder zwei Tage vor dem Termin beim Amtsgericht an und erkundigen Sie sich, ob die Versteigerung auch wirklich stattfindet.

## Ihre Risiken beim Ersteigern

Haben Sie den Zuschlag erhalten, bekommen Sie den Zuschlagsbeschluss und sind damit neue Eigentümerin oder neuer Eigentümer der Immobilie. Nun geht es nicht nur um das endgültige Festzurren der Finanzierung, sondern auch darum, sich den reibungslosen Einzug zu sichern.

Wenn die Immobilie vermietet ist, müssen Sie schnell handeln. Sie haben zwar ein

> ! ACHTUNG
>
> **Vorsicht bei mietähnlichen Zahlungen!**
>
> Wenn der Bewohner oder die Bewohnerin noch eine Übergangsfrist braucht, dürfen Sie keinesfalls mietähnliche Zahlungen von ihm oder ihr fordern. Sonst wäre dies ein sicheres Indiz, dass ein unbefristeter Mietvertrag geschlossen wurde – mit allen nachteiligen Konsequenzen für Sie beim Versuch, den Vertrag zu beenden!

Sonderkündigungsrecht und dürfen dem Mieter oder der Mieterin mit einer Frist von drei Monaten kündigen – doch dies können Sie nur bis zum dritten Werktag des auf die Zwangsversteigerung folgenden Monats tun. Außerdem brauchen Sie einen triftigen Kündigungsgrund wie beispielsweise Eigenbedarf.

Ist die Immobilie noch vom Eigentümer bewohnt, muss dieser nach dem Zuschlag räumen. Ausnahme: Bei alten oder kranken Eigentümern kann sich die Räumung verzögern, weil diese einen Anspruch auf besondere Rücksichtnahme in Härtefällen haben.

Trotz des oft günstigen Preises sollten Sie bedenken, dass mit dem Kauf bei einer Zwangsversteigerung besondere Risiken verbunden sind. Für Pfusch am Bau können Sie nach der Zwangsversteigerung niemanden haftbar machen – weder den Vorbesitzer noch die Gutachterin, die möglicherweise das undichte Dach oder ein feuchtes Mauerwerk übersehen hat. Die Gutachterin haftet nur, wenn sie vorsätzlich oder grob fahrlässig ein unrichtiges Gutachten erstellt hat und der geltend gemachte Schaden adäquat kausale Folge der Pflichtverletzung ist. Das beste Gegenmittel ist die vorherige gründliche und kritische Besichtigung vom Keller bis unters Dach.

Auch haftet niemand dafür, dass die Angaben im Bebauungsplan korrekt sind. Das heißt im allerschlimmsten Fall: Sie haben ein Grundstück ersteigert, wollen darauf bauen und reichen Ihren Bauplan ein. Doch das Bauamt teilt Ihnen mit, dass der in der Akte ausgewiesene Bebauungsplan veraltet ist und das Grundstück überhaupt nicht mehr bebaut werden kann. Dann hätten Sie für teures Geld ein nutzloses Grundstück gekauft und hätten keinen Anspruch auf Schadenersatz. Deshalb gilt: Verlassen Sie sich bei Grundstücken nicht auf die Versteigerungsakte, sondern fordern Sie persönlich beim Bauamt einen aktuellen Bebauungsplan an.

# Gebäude und Menschen richtig versichern

**Auf Ihrem Weg zum Wohneigentum sollten Sie auch die Absicherung von Menschen und Vermögenswerten nicht vergessen. Manche Versicherungen wie die Wohngebäudeversicherung sind unabdingbar, andere Policen sind je nach persönlicher Situation optional.**

Beim Besitz einer Immobilie sollten Sie sich gegen einige Risiken auf jeden Fall absichern: So muss das Gebäude unter anderem gegen die Zerstörung durch Feuer oder – soweit möglich – gegen Naturgewalten versichert sein. Als Immobilieneigentümer und Bauherrin können Sie bei Unfällen mit Haftungsansprüchen konfrontiert werden, auch dagegen sollten Sie sich absichern.

Welche Policen für Sie wichtig sind, hängt von der Art Ihres Wohneigentums ab. Dabei gelten die folgenden Grundsätze:

→ Um die Finanzierung zu sichern, sollten Sie als Wohnungs- oder Hauseigentümer eine Berufsunfähigkeits- und Risikolebensversicherung abschließen.

→ Als Wohnungseigentümer brauchen Sie sich nicht um die Gebäudeversicherung zu kümmern, weil diese gemeinschaftlich abgeschlossen wird. Beim Kauf oder Bau eines Hauses müssen Sie diese Versicherung hingegen in Eigenregie abschließen.

→ Wenn Sie in Eigenregie bauen, müssen Sie den Rohbau versichern, eine Bauherren-Haftpflichtversicherung abschließen und bei Eigenleistungen die unentgeltlich tätigen Helfer und Helferinnen gegen Unfälle versichern.

## Die Wohngebäudeversicherung

Die Wohngebäudeversicherung ist ein absolutes Muss – denn ohne diese Police wäre in der Regel keine Bank bereit, Ihr Eigenheim zu finanzieren. Üblicherweise besteht die Versicherung aus einem „Paket", das nach dem Einzug folgende Risiken abdeckt:

- **Feuer.** Nicht nur der Brandfall fällt unter die Feuerversicherung, sondern auch Blitzschlag, Explosion, Schäden durch einen Flugzeugabsturz sowie die durch Löschwasser, Ruß und Rauch entstandenen Beschädigungen.
- **Leitungswasser.** Wenn zum Beispiel an Wasser- oder Heizungsrohren ein Defekt entsteht, können teure Schäden an der Bausubstanz die Folge sein. Auch Schäden am Gebäude durch geplatzte Schläuche – wie etwa bei Geschirrspül- oder Waschmaschinen – sind dadurch abgedeckt.
- **Sturm und Hagel.** Darunter fallen Unwetterschäden am Gebäude und auch an Nebengebäuden wie Garagen – vom abgedeckten Dach über eingedrückte Fenster bis hin zu Beschädigungen durch umstürzende Bäume.

**→ TIPP**

**Wenn Sie einen Neubau errichten wollen, sollten Sie schon vor Beginn der Bauarbeiten eine Feuerrohbauversicherung abschließen, die nach Gebäudefertigstellung in eine verbundene Wohngebäudeversicherung übergeht.**

Doch ganz sorglos sollten Sie auch dann nicht sein, wenn Sie gut versichert sind. Wenn nämlich eine sogenannte Obliegenheitsverletzung vorliegt, müssen Sie für den Schaden selbst aufkommen, weil Sie Ihre Sorgfaltspflichten nicht erfüllt haben. Eine Obliegenheitsverletzung liegt beispielsweise vor, wenn Geschirrspül- oder Waschmaschinen in Abwesenheit des Bewohners oder der Bewohnerin laufen und dabei ein Schlauch platzt oder wenn ein Weihnachtsbaum mit brennenden Wachskerzen unbeaufsichtigt gelassen wird. Um solche Leistungsverweigerungen zu vermeiden, sollte der Versicherer auf den „Einwand der groben Fahrlässigkeit" möglichst umfangreich verzichten.

Die Tarife insbesondere bei der Leitungswasser- und Sturmschadenversicherung sind im Bundesgebiet nicht einheitlich. Der Grund: Die Versicherungen unterscheiden zwischen mehr oder weniger gefährdeten Regionen, in denen unterschiedliche Beitragssätze gelten. So sind beispielsweise die Prämien für Leitungswasserversicherungen in den Bergregionen Bayerns teurer als im wärmeren Rheintal, weil in den Bergen häufiger Frost auftritt, der zu Schäden an Wasserleitungen führen kann. Achten Sie deshalb darauf dass der Versicherer Ihnen ein Angebot vorlegt, das auch für Ihre Region gültig ist.

Bei der Wohngebäudeversicherung kommt es nicht allein auf die Höhe der Versicherungsprämie an. Manche Gesellschaften bieten zusätzlich zur Grundabsicherung weitere kostenlose Versicherungsleistungen an, die für Sie unter Umständen nützlich sein können. Dazu zählen beispielsweise:

→ Grundstücksbestandteile, die nicht zum Gebäude zählen – wie etwa Zäune, Carports oder Leuchten –, werden mitversichert. Das kann bei aufwendigen Außenanlagen für Sie interessant sein.
→ Überspannungsschäden, die durch einen Blitzschlag in die Stromleitung verursacht werden, sind mitversichert.
→ Aufräumkosten für umgestürzte Bäume werden mitversichert – das ist dann sinnvoll, wenn sich auf Ihrem Grundstück einige ältere, große Bäume befinden.

Auch die Höhe der Selbstbeteiligung im Schadensfall wird von den Anbietern sehr unterschiedlich gehandhabt. Manche Gesellschaften bieten einen Beitragsnachlass an, wenn der Eigentümer kleinere Schäden selbst bezahlt. Allerdings gilt: Eine Selbstbeteiligung lohnt sich nur dann, wenn die

**Elke Weidenbach ist Versicherungsexpertin bei der Verbraucherzentrale NRW**
„Werden Erweiterungen des Gebäudes vorgenommen, wie zum Beispiel die Installation einer Photovoltaikanlage, sollte unbedingt möglichst zeitnah der Versicherer informiert werden. Dieser sollte schriftlich bestätigen, dass der Schutz für diese Veränderungen gilt."

Höhe des jährlichen Beitragsnachlasses mindestens 10 Prozent der Selbstbeteiligungssumme entspricht. Sonst sollten Sie darauf verzichten.

**→ TIPP**

**Stellen Sie dem Versicherer für die Angebotserstellung immer eine detaillierte Baubeschreibung zur Verfügung – damit können Sie sichergehen, dass in Bezug auf Immobilienwert und Risiko richtig kalkuliert wird und Ihr Eigenheim nicht unterversichert ist.**

Je nach Haustyp kalkulieren die Versicherungen mit unterschiedlichen Risikoaufschlägen. So werden Fertighäuser bei der Feuerversicherung meist mit höheren Prämien belegt, und bei der Leitungswasserversicherung gibt es Aufschläge für Schwimmbäder oder Fußbodenheizungen. Neubauten sind hingegen wegen der niedrigeren Risiken bei Versicherungen begehrt – deshalb sind die Beiträge üblicherweise geringer als für ältere Immobilien.

Allerdings deckt die übliche verbundene Gebäudeversicherungs-Police nicht alle Risiken ab. So sind Schäden durch Überschwemmungen, Erdbeben, Lawinen oder Erdrutsch darin nicht abgedeckt – diese fallen unter die sogenannte Elementarschaden-Versicherung. Bei dieser Versicherung haben Sie es als Kundin oder Kunde mit einem ganz speziellen Problem zu tun: Voraussetzung bei den vielen Versicherungen ist nämlich, dass Sie als neue Kundin oder neuer Kunde in den vergangenen Jahren keinen Schaden hatten. Da Erdbeben in Deutschland äußerst selten sind, geht es vor allem um Immobilien in hochwasser- und lawinengefährdeten Gebieten.

Das bedeutet jedoch in der Praxis: Dort, wo es wirklich gefährlich ist, gab es wahrscheinlich auch Schäden innerhalb der letzten Jahre. Manche Versicherungen nehmen überdies Gebäude, die sich an Gewässern befinden, erst gar nicht in die Elementarschaden-Versicherung auf. Andere Anbieter verlangen entweder horrende Prämienaufschläge oder Selbstbeteiligungen in fünfstelliger Höhe.

Der einzige wirksame Schutz besteht für Sie somit nicht im Abschluss einer Versicherung zu inakzeptablen Konditionen, sondern in der Auswahl der Immobilie: Kaufen Sie lieber kein Haus oder Grundstück zum Beispiel in einem hochwassergefährdeten Gebiet!

## Bauherren-Haftpflicht- und Rohbauversicherung

Die Gebäudeversicherung greift nur bei Bauten, die bereits fertiggestellt sind. Doch schon während der Bauphase sollten Sie für den passenden Versicherungsschutz sorgen. Dies gilt dann, wenn Sie in Eigenregie bauen oder auf dem bereits gekauften Grundstück ein Haus schlüsselfertig bauen lassen. Wenn Sie ein Haus beim Bauträger erwerben, erfolgt die Übergabe erst mit der Fertigstellung – und damit ist auch der Bauträger für die Versicherung des Rohbaus und für Haftungsfragen bis zur Übergabe zuständig.

Ganz wichtig für Sie ist die Bauherren-Haftpflichtversicherung. Wie die private Haftpflichtversicherung springt sie dann ein, wenn einer dritten Person aufgrund der Fahrlässigkeit des Grundstücksbesitzers ein Schaden entstanden ist. Weil Sie als Grundstückseigentümer für alle Aktivitäten auf Ihrer Baustelle verantwortlich sind und haftbar gemacht werden können, ist diese Versicherung praktisch unumgänglich.

Da in der normalen Privathaftpflicht-Police meist nur kleinere Bauvorhaben bis 25.000 oder 50.000 Euro mitversichert sind, ist mit der Bauherren-Haftpflichtversicherung ein gesonderter Abschluss für teurere Bauvorhaben erforderlich.

Schäden durch Feuer oder Blitzschlag sollten unbedingt mit einer Rohbauversicherung abgedeckt werden – die meist schon allein deshalb zwingend notwendig ist, weil die finanzierende Bank ohne eine solche Police kein Darlehen gibt. Diese Versicherung können Sie kostengünstig oder sogar beitragsfrei erhalten, wenn Sie beim Abschluss der Feuerrohbauversicherung gleich die spätere Wohngebäudeversicherung mit abschließen.

Wenn es um die Bauwesenversicherung – auch Bauleistungsversicherung genannt – geht, scheiden sich die Geister. Mit dieser Police werden mutwillige Beschädigungen und Diebstahl sowie Unwetterschäden am Rohbau abgedeckt – aber ob Sie eine solche Absicherung wirklich brauchen, müssen Sie selbst entscheiden. Für sicherheitsorientierte Bauherren ist die Bauwesenversicherung sinnvoll.

**Elke Weidenbach ist Versicherungsexpertin bei der Verbraucherzentrale NRW**
„Sind Gläubigeransprüche durch Eintrag im Grundbuch gesichert, muss der Gläubiger der Kündigung einer Gebäudeversicherung zustimmen. Dies erfolgt in der Regel nur dann, wenn ein anderer Versicherer den Versicherungsschutz zukünftig übernimmt."

ACHTUNG

**Trugschluss bei beliebtem Baustellenschild**

Ein weit verbreiteter Trugschluss ist in diesem Zusammenhang der Glaube, dass das Schild „Eltern haften für ihre Kinder" den Eigentümer vor Haftungsansprüchen schützt. Aber: Diese Klausel greift für ihn nur dann, wenn durch fremde Kinder ihm selbst oder an seinem Gebäude ein Schaden entsteht.

## Die Gewässerschaden-Haftpflichtversicherung

Wenn Sie ein Haus mit Ölheizung erwerben und diese weiter betreiben wollen, sollten Sie die Haftung bei Kontaminierung des Erdreichs durch auslaufendes Öl absichern. Moderne Öltanks sind auf maximale Sicherheit ausgelegt. Doppelte Wände sorgen für zusätzlichen Auslaufschutz, und ein elektronisches Leckwarngerät schlägt Alarm, wenn eine der beiden Hüllen undicht wird. Wenn jedoch ein Öltank wirklich einmal ausläuft, können die Schäden in die Millionen gehen. Das verseuchte Erdreich muss großflächig abgetragen werden, und eventuell kommen außerdem noch Regressforderungen wegen Grundwasserverschmutzung auf Sie zu.

Eine Gewässerschaden-Haftpflichtversicherung ist nicht teuer – aber wenn Sie sie wirklich einmal in Anspruch nehmen müssen, verhindert sie Ihren finanziellen Ruin. Die Höhe der Prämie wird davon beeinflusst, ob es sich um einen unterirdischen oder einen oberirdischen Tank handelt, ob ein Ein- oder ein Mehrfamilienhaus von der Tankanlage versorgt wird und wie groß der Tank ist.

Unterirdische Tanks sind in der Versicherung teurer – schließlich ist ihr Zustand schwieriger zu prüfen, und außerdem ist bei oberirdischen Tanks eine ausreichende Auffangwanne Pflicht. Bei Mehrfamilienhäusern ist die Prämie wiederum von der Größe der Tankanlage abhängig – je mehr Fassungsvermögen, desto teurer der Versicherungsbeitrag. Übrigens: Öltanks können bis 10.000 Liter bei vielen Privathaftpflichtversicherungen beitragsfrei mitversichert werden.

Achten Sie darauf, dass Ihr Heizöltank in regelmäßigen Abständen vom TÜV oder von einer vergleichbaren Organisation geprüft wird. Das kommt nicht nur Ihrer Sicherheit zugute, sondern ist auch Voraussetzung für Leistungen aus der Gewässerschaden-Haftpflichtpolice.

## Personenversicherungen

Beim Bauen geht es nicht immer ungefährlich zu – und deshalb sollten alle Beteiligten gegen Unfälle abgesichert sein. Wenn Sie einen Handwerker mit Arbeiten beauftragen, sind dessen Mitarbeiter über die Berufsgenossenschaft automatisch unfallversichert. Anders hingegen bei den Helferinnen und Helfern aus dem Freundes- oder Verwandtenkreis, die privat und unentgeltlich mit anpacken. Um im schlimmsten Fall zumindest finanziell abgesichert zu sein, gibt es für die freiwilligen Helfer und Helferinnen die Bauhelfer-Unfallversicherung der Berufsgenossenschaft.

Diese Versicherung ist ein Muss – auch in juristischer Hinsicht. Auch wenn fleißige Helfer und Helferinnen am Bau unentgeltlich tätig sind: Sie müssen vom Bauherrn oder von der Bauherrin bei der Bau-Berufsgenossenschaft angemeldet und dort unfallversichert werden. Wenn Sie dies unterlassen, riskieren Sie ein Bußgeld bis maximal 2.500 Euro. Die Höhe des Beitrags errechnet die Berufsgenossenschaft anhand der geleisteten Arbeitsstunden. Pro Helferstunde werden dabei – mit leichten regionalen Schwankungen – etwa 1,50 Euro bis 2,00 Euro veranschlagt. Die sieben Bau-Berufsgenossenschaften haben ihre Zuständigkeit regional aufgeteilt. Die zuständigen Ansprechpartner können Sie bei der Arbeitsgemeinschaft der Bau-Berufsgenossenschaften unter www.bgbau.de ermitteln.

Für den Bauherrn selbst und dessen Ehepartner gelten diese Regelungen nicht – denn sie zählen sozusagen als Unternehmer. Zwar können sie sich freiwillig mitversichern. Doch angesichts eines Beitrags, der bei mehr als 300 Euro pro Person und Monat liegt, ist eine private Unfallversicherung in der Regel die günstigere Alternative.

Als Bauherrin oder Immobilienkäufer sollten Sie sich auf jeden Fall Gedanken über Ihre persönliche Absicherung machen. Die wichtigsten Güter, die versichert werden sollten, sind Ihr Leben und Ihre Arbeitskraft.

Zumindest die Hauptverdienerin oder der Hauptverdiener der Familie sollte eine Risikolebensversicherung abschließen, deren Höhe so ausgelegt sein sollte, dass im Todesfall damit das Darlehen abgelöst werden kann. Lassen Sie sich von mehreren Gesellschaften Angebote ausarbeiten, denn die Beiträge können je nach Anbieter stark variieren. Besonders günstige Policen finden Sie oft in den Reihen der Direktversicherer, die kostengünstig ohne Vertreter und Geschäftsstellen arbeiten.

**→ TIPP**

**Wenn Sie Beiträge sparen wollen, können Sie eine Risikolebensversicherung mit fallender Versicherungssumme abschließen. Weil die versicherte Summe parallel zur Darlehenstilgung stetig abnimmt, fallen die Prämien etwas günstiger aus als bei einer Police mit gleichbleibender Versicherungssumme.**

Deutlich teurer, aber dennoch sinnvoll ist – nicht nur für Eigenheimbesitzer – der Abschluss einer Berufsunfähigkeitsversicherung. Zwar sieht auch die gesetzliche Rentenversicherung für bestimmte Jahrgänge noch Zahlungen vor, wenn Arbeitnehmende ihren Beruf nicht mehr ausüben können. Allerdings sind die Leistungen des Staates in solchen Situationen meist sehr gering. Die private Berufsunfähigkeitsversicherung kann entweder als eigenständiger Vertrag geschlossen oder mit einer Lebensversicherung gekoppelt werden. Günstige Beiträge gibt es oft in Verbindung mit einer Risikolebensversicherung, während die Kombination mit einer kapitalbildenden Lebensversicherung nicht ratsam ist. Die Versicherungssumme sollte so bemessen sein, dass zumindest die Grundversorgung im Fall der Berufs- oder Erwerbsunfähigkeit sichergestellt ist. Je nach Familienstand, Alter und Einkommen sollte die monatliche Auszahlung im Fall der Berufsunfähigkeit etwa 1.000 bis 2.000 Euro betragen und möglichst bis zum 60., 65. oder gar 67. Lebensjahr laufen.

# Anhang

→ Weiterführende Informationen

→ Adressen

→ Stichwortverzeichnis

→ Impressum

# Weiterführende Informationen

## Tools und Online-Texte der Verbraucherzentrale

**Förderung fürs Eigenheim**
Eine Übersicht zu zinsgünstigen Krediten und Zuschüssen gibt es auf der Internetseite
www.verbraucherzentrale.nrw/node/43745

**Immobilienfinanzierung**
Vor der Entscheidung für eine Immobilie sollten Sie alles genau durchrechnen und ein Finanzierungskonzept erstellen. Mehr Informationen dazu auf der Internetseite
www.verbraucherzentrale.nrw/node/5822

**Was steht im Gebäudeenergiegesetz?**
Die energetischen Anforderungen an beheizte und klimatisierte Gebäude legt das Gebäudeenergiegesetz fest. Mehr Informationen auf der Internetseite
www.verbraucherzentrale.nrw/node/13886

## Online-Informationen

**Stiftung Warentest, Immobilienfinanzierung**
Ein umfangreiches Angebot an unabhängigen Anbietervergleichen zum Thema Baukredit gibt auf der Homepage
www.test.de/thema/immobilienfinanzierung

**Zinsrechner**
Verschiedene Onlinerechner rund um die Themen Anlagen und Sparen sowie Kredit und Finanzierung gibt es auf der Internetseite
www.zinsen-berechnen.de

## Bücher

**Baumann, Frank-Michael:** Ratgeber Wärmepumpe. Klimaschonend, effizient, unabhängig. Verbraucherzentrale NRW, Düsseldorf 2024

**Burk, Peter:** Bauen! Das große Praxis-Handbuch zum Hausbau. Verbraucherzentrale NRW, Düsseldorf 2022

**Burk, Peter:** Kauf eines gebrauchten Hauses. Das große Praxis-Handbuch zum Hauskauf. Verbraucherzentrale NRW, Düsseldorf 2022

**Hammer, Thomas:** Meine Immobilie finanzieren. Haus oder Wohnung: kaufen, bauen, sanieren. Verbraucherzentrale NRW, Düsseldorf 2021

**Ostmann, Falk:** Eigentumswohnung. Suchen, kaufen, wohnen. Das große Praxis-Handbuch. Verbraucherzentrale NRW, Düsseldorf 2022

**Raupach, Anne / Riks, Eva / Spruth, Johannes:** Klimafreundlich bauen und sanieren. Nachhaltige Bauweisen und Techniken für mein Haus. Verbraucherzentrale NRW, Düsseldorf 2023

**Seltmann, Thomas / Sutter, Jörg:** Ratgeber Photovoltaik. Solarstrom und Batteriespeicher für mein Haus. Verbraucherzentrale NRW, Düsseldorf 2025

**Winkelmann, Mechthild:** Das Haushaltsbuch. Alle Finanzen im Griff – Ausgaben und Einnahmen für 12 Monate. Verbraucherzentrale NRW, Düsseldorf 2024

# Adressen

**Verbraucherzentrale Baden-Württemberg e. V.**
Telefon: 07 11/66 91-10
www.verbraucherzentrale-bawue.de

**Verbraucherzentrale Bayern e. V.**
Telefon: 0 89/5 52 79 4-0
www.verbraucherzentrale-bayern.de

**Verbraucherzentrale Berlin e. V.**
Telefon: 0 30/2 14 85-0
www.verbraucherzentrale-berlin.de

**Verbraucherzentrale Brandenburg e. V.**
Telefon: 03 31/2 98 71-0
www.verbraucherzentrale-brandenburg.de

**Verbraucherzentrale Bremen e. V.**
Telefon: 04 21/1 60 77-7
www.verbraucherzentrale-bremen.de

**Verbraucherzentrale Hamburg e. V.**
Telefon: 0 40/2 48 32-0
www.vzhh.de

**Verbraucherzentrale Hessen e. V.**
Telefon: 0 69/97 20 10-900
www.verbraucherzentrale-hessen.de

**Verbraucherzentrale Mecklenburg-Vorpommern e. V.**
Telefon: 03 81/2 08 70-50
www.verbraucherzentrale-mv.eu

**Verbraucherzentrale Niedersachsen e. V.**
Telefon: 05 11/9 11 96-0
www.verbraucherzentrale-niedersachsen.de

**Verbraucherzentrale Nordrhein-Westfalen e. V.**
Telefon: 02 11/9 13 80-10 00
www.verbraucherzentrale.nrw

**Verbraucherzentrale Rheinland-Pfalz e. V.**
Telefon: 0 61 31/28 48-0
www.verbraucherzentrale-rlp.de

**Verbraucherzentrale Saarland e. V.**
Telefon: 06 81/5 00 89-0
www.verbraucherzentrale-saarland.de

**Verbraucherzentrale Sachsen e. V.**
Telefon: 0341/69 62 90
www.verbraucherzentrale-sachsen.de

**Verbraucherzentrale Sachsen-Anhalt e. V.**
Telefon: 03 45/2 98 03-29
www.verbraucherzentrale-sachsen-anhalt.de

**Verbraucherzentrale Schleswig-Holstein e. V.**
Telefon: 04 31/5 90 99-0
www.verbraucherzentrale.sh

**Verbraucherzentrale Thüringen e. V.**
Telefon: 03 61/5 55 14-0
www.vzth.de

**Verbraucherzentrale Bundesverband e. V.**
Telefon: 0 30/2 58 00-0
www.vzbv.de

# Stichwortverzeichnis

## K



## L



## M



## N



## O



## P



## R



## S



## T



## V

## W



## Z

### Bildnachweis

**stock.adobe.com**
Umschlag: marog-pixcells; S. 8 Shisu_ka; S. 4, 16 Robert Kneschke; S. 19 DusanJelicic; S. 5, 22 felix_brönnimann; S. 28 AhmadTriwahyuutomo; S. 40 Geber86; S. 43 Brian Jackson; S. 51 Krakenimages.com; S. 59 von Charlie's; S. 5, 66 RioPatuca Images; S. 69 JS Graphix; S. 5, 74 Diego Cervo; S. 77 ronstik; S. 88 Drazen; S. 97 Bernd Leitner; S. 6, 110 marcus_hofmann; S. 118 Mario Jahn; S. 120 detailfoto; S. 124 Thomas Aumann; S. 4, 128 alfa27; S. 7, 135, 158 contrastwerkstatt; S. 7, 140 peopleimages.com; S. 146 Halfpoint; S. 155 NAMPIX; S. 162 Nina Lawrenson/peopleimages.com; S. 6, 168 fizkes; S. 172 Robert Kneschke; S. 176 Drazen; S. 182 Studio Romantic; S. 7, 190 SewcreamStudio

**Verbraucherzentrale NRW, Düsseldorf**
S. 30, 38, 45, 121, 193, 195

---

1. Auflage 2025


ISBN 978-3-86336-423-6 (Buch)
ISBN 978-3-86336-367-3 (E-Book EPUB)

**Impressum**

### Herausgeber

Verbraucherzentrale Nordrhein-Westfalen e. V.
Helmholtzstraße 19, 40215 Düsseldorf
Telefon: 02 11/91 380-10 00
ratgeber@verbraucherzentrale.nrw
www.verbraucherzentrale.nrw

### Text

Thomas Hammer

### Koordination

Frank Wolsiffer

### Lektorat

Kristina Raub-Küster, Düsseldorf

### Fachliche Beratung

RAin Eva-Maria Frege, Düsseldorf (www.frege.de)
Christian Handwerk,
Thomas Hentschel, Elke Weidenbach

### Layout und Satz

Grazyna Rojek
Kommunikationsdesign, Essen
www.grazynarojek.de

### XML-Produktion

pagina GmbH, Tübingen
www.pagina.gmbh

### Umschlaggestaltung

Designbüro Ute Lübbeke, Köln
www.LNT-design.de

### Druck

AZ Druck- und Datentechnik GmbH,
Kempten

### Redaktionsschluss

Juni 2025